Medhananda

Verborgene Weisheit
in der Symbolsprache
alter Mythen, Märchen, ägyptischer Papyri
und im Thomasevangelium

Medhananda

Verborgene Weisheit
in der Symbolsprache
alter Mythen, Märchen, ägyptischer Papyri und im Thomasevangelium

Liberating Symbols Publishing

Erste englische Ausgabe 2006 mit dem Titel:
Immortal Wisdom
from Ancient Times in Myths, Tales and Legends

Aus dem Englischen übertragen
von Rosemarie und Christoph Graf-Wettengel

Titelbild: Medhananda
Nachzeichnungen ägyptischer Originale
und andere Illustrationen:
aus Medhanandas *Equals One Journals,*
Yvonne Artaud: S. 59, 158, 165, 175
Franz Fassbender: S. 21, 117-142, 149
Anmerkungen: Rosemarie und Christoph Graf

Verlag: BoD · Books on Demand GmbH,
Überseering 33, 22297 Hamburg, bod@bod.de
Druck: Libri Plureos GmbH, Friedensallee 273, 22763 Hamburg

ISBN: 978-3-8482-1114-2

© 2025 Liberating Symbols Publishing (LSP)
CH-3612 Steffisburg, Schweiz
www.liberating-symbols-publishing.com

... Denn einstmals waren diese Dinge Geheimnisse.
Die Menschen überließen sie den wenigen, den Initiierten
und verloren sie dadurch aus den Augen.
Doch das Bestreben eines neuen Wahrnehmens ist es,
alle Geheimnisse zu offenbaren, zu enthüllen
und unserem Verständnis nahe zu bringen...

Sri Aurobindo

Inhalt

Vorwort

Oft werden Überlieferungen aus alten Kulturen – seien es Mythen, Märchen, religiöse Geschichten oder Bilder und Skulpturen – noch vordergründig, auf der dinglichen Ebene aufgefasst. Medhananda zeigt uns aber, dass die Menschen früherer Zeiten nicht einfach amüsante Geschichten und seltsame Bilder überlieferten, sondern dass sie seelische Erfahrungen, mystische Erlebnisse und Bewusstseinsvorgänge darstellten – mit Hilfe von Sinnbildern, Symbolen, Allegorien. Es sind Lehrbotschaften, die nicht von der dinglichen Welt berichten, sondern von psychologischen Kräften, Energien und Wirklichkeiten im Menschen. Jene, die innerlich reif dafür waren, erkannten sie als solche (so ähnlich, wie wir das heute immer noch mit gewissen Träumen erfahren können). Die Sprache der Seele ist eine Sprache der Bilder, und Medhananda (selbst reich an inneren spirituellen Erfahrungen) lehrt uns, hinter solchen Botschaften den ursprünglichen, darin enthaltenen *psychologischen* Gehalt wieder wahrzunehmen: In all den Sinnbildern, Symbolen, Allegorien lassen sich Aspekte unseres eigenen Seins entdecken.

Laut Medhananda haben unsere Urahnen wohl schon während vieler tausend Jahre ihre Mußezeit auf Erden damit verbracht, ihre innere Welt zu erforschen, zu ‚zähmen‘ und ‚bewohnbar‘ zu machen. In *Der Weg des Horus* schreibt er: „Sie lebten nicht in einer Konsumgesellschaft mit aktivem Austausch von Waren und äußeren Informationen, sondern waren vor allem daran interessiert, ihre Entdeckungen über das, was sie als die Grundlagen des Lebens betrachteten, mitzuteilen: die Geheimnisse von Geburt und Tod, Elend und Glück, innerlich ein König oder ein Krokodil zu sein, in einem bedeutungslosen oder bedeutungsvollen Universum zu leben ...“

Medhanandas Erläuterungen lassen uns erkennen, dass die alten Menschen über ein großes psychologisches Selbst-Wissen verfügten, dass ihre Lehrbilder Weisheit (im Sinne von innerer Erkenntnis, Gnosis) beinhalten.

Dieses neue psychologische Verständnis der alten Texte hilft uns bei der Vertiefung des eigenen Selbstgewahrseins; es eröffnet uns Möglichkeiten, unsere verschiedenen Seelenkräfte und Bewusstseinsstrukturen besser wahrzunehmen und zu erforschen, und es gibt Anstoß, unsere beschränkte Ego-Formation in ein größeres Selbst zu wandeln.

In Indien erzählt man sich folgende Geschichte: „Der Schüler bemerkt, dass sein Guru (Lehrer auf dem Wege der Bewusstwerdung) Dinge und Ereignisse anders wahrnimmt als er. Deshalb fragt er ihn: „Leben wir in derselben Welt?" Der Lehrer antwortet: „Ja, aber der Unterschied ist: Du siehst Dich als Teil der Welt, und ich sehe die ganze Welt in mir selbst."

Die meisten der von Medhananda ursprünglich in Englisch geschriebenen Beiträge in diesem Buch wurden erstmals in der von ihm 1965 gegründeten Vierteljahreszeitschrift „Equals One" publiziert:

Dornröschen, Was ist Weisheit, Das Thomasevangelium und *Religere v/s Negligere* in der Equals One-Ausgabe „Wisdom" von 1968,

Das Buch der Tore in der Equals One-Ausgabe „Optimism" von 1968,

Das Evangelium des Herakles, Die Geburt des Goldenen Kindes, Der Eisenhans und *Ganesch (der Elefantengott)* in der Equals One-Ausgabe „Eternal Religion" von 1975.

Die Botschaft des Mondes (ein afrikanischer Mythos) ist ein Beitrag aus Medhanandas Buch *Die Königliche Elle* (Aquamarin-Verlag 2020).

Die eine göttliche Existenz, die sich in vielen Namen und Formen offenbart ist ein Beitrag aus „Au fil de l'éternité", Cahier 11, einer noch nicht publizierten Sammlung von Gesprächen, die Yvonne

Artaud zwischen 1955 und 1965 mit Medhananda in französisch geführt und aufgezeichnet hat.

Die Beiträge *Eurynóme* und *Die Hieroglyphe „Vereinigen der beiden Länder"* sind Auszüge aus Gesprächen Medhanandas mit Besuchern und Freunden.

Die Herausgeber
Rosemarie und Christoph Graf-Wettengel
www.liberating-symbols-publishing.com

Die ferne und zeitlose Vergangenheit,
die tot zu sein schien,
kehrt zu uns zurück
mit einem Aufleuchten
vieler lichtvoller Geheimnisse,
die dem Bewusstsein der Menschheit
lange verloren waren;
doch nun brechen sie wieder
von hinter dem Schleier hervor.

Sri Aurobindo

Was ist Weisheit?

Wie bei so vielen Wörtern ist es vielleicht auch in diesem Fall einfacher, erst einmal herauszufinden, was Weisheit nicht ist.

Sie ist nicht die Feststellung von Tatsachen: das wäre Wissenschaft.

Ebenso wenig ist sie die Ausarbeitung von Theorien über das Leben oder das Weltall: das wäre Philosophie.

Sie ist nicht die Verkündigung von Gottesverehrung und Gottesfurcht: das wäre Religion oder Theologie.

Sie ist keine Sammlung von Regeln und Vorschriften für die Lebensführung: das wären Dogmen und Gesetze.

Sie ist keine Sammlung von Normen oder Verhaltensmustern in Sachen Güte, Tugend oder Sünde: das wäre Ethik oder Moral.

Sie ist kein Ergebnis logischen Denkens wie die Mathematik.

Sie befasst sich nicht mit dem täglichen, normalen menschlichen Leben in der Gesellschaft wie die Soziologie.

Und doch kann ein Weiser in seiner Weisheit von all diesen Dingen sprechen – weil es nicht so sehr auf die Worte ankommt. Der Unterschied liegt in seinem Bewusstsein:

Der Weise übt eine bewusstseinsintensivierende Wirkung auf die Noosphäre des Homo Sapiens aus.

Laotse sagt: „Die Ewigkeit zu kennen, das ist Weisheit." Indem er die Ewigkeit mit einbezieht, geht er über das gewöhnliche Denken hinaus.

Was den bloßen Philosophen vom Weisen unterscheidet, ist, dass der Philosoph auf der mentalen Ebene arbeitet, dass er mit

Worten, Begriffen und Idealen spielt; der Weise hingegen wurzelt mit seinem Bewusstsein in einer allem zu Grunde liegenden Wahrheit, in der Einheit des Wesens aller Dinge. Darin unterscheidet er sich auch vom Theologen. Dieser operiert mit heiligen Büchern oder Glaubenssätzen oder Begriffen wie „Gott", „Seele", „Schöpfung". Der Weise strebt höher, geht tiefer – *zum Ursprung, in dem Gott, Seele und Universum als ungetrennt Eines erfahren werden.*

Wir sehen, dass das Wort Weisheit für mehr als lediglich Philosophie oder gesunden Menschenverstand steht, für mehr als Theologie oder Theosophie, für etwas, was man nicht in Schulen oder aus heiligen Büchern lernen kann.

Aller Zweifel hinsichtlich der Bedeutung des Wortes Weisheit verfliegt, sobald wir es in die uralte indische Sanskritsprache übersetzen. Es heißt dort:

Jnana

(gesprochen Dschnana), und der Weise ist ein Jnani.

Jnana bedeutet das wesentliche Wissen von sich selbst, von dem *einen* Selbst, das, weil das eine Selbst alles umfasst, die *eine* Wirklichkeit ist – also ein umfassendes, ganzheitliches Wissen. Dieses Wissen ist den Menschen immer zugänglich gewesen, selbst während der dunkelsten Zeitalter und der untersten evolutionären Stufe des menschlichen Bewusstseins, denn dazu muss man kein Gelehrter sein, der über wissenschaftliche Fakten verfügt.

Weisheit lässt sich demnach so umschreiben:

Die Fähigkeit der Identifikation mit dem essenziellen Wesen aller Dinge – eine Identifikation, die auf der Einheit des Seins von allem mit allem beruht, dem Einssein mit der einen Wirklichkeit. Etwas wirklich zu kennen, bedeutet, es als das *Eine* zu kennen.

Diese Art von Kenntnis ist wahres Wissen, ist Weisheit,

Gnosis[1]. Es handelt sich nicht um ein bloß mentales Wissen, sondern schließt das Wissen des Herzens, das Wissen des ganzen Wesens mit ein.

Es setzt eine innere Arbeit voraus. Wie ein Bergsteiger, der den Mount Everest besteigen will, muss man hart an sich arbeiten, muss sein ganzes Sein, seine Persönlichkeit, ja sein Leben dafür einsetzen. Weisheit verlangt völlige Hingabe der eigenen Person. Nur jene, die unstillbaren Durst und Sehnsucht danach verspüren, sind fähig, die Quelle der Weisheit in ihrem Innern zu finden.

In den germanischen Mythen wird erzählt, dass Gott Odin (Wotan) ein Auge – die dualistische Sicht – opfern musste, bevor er aus der Quelle der Weisheit trinken durfte, die aus den tiefsten Wurzeln des Seins, aus dem heiligen immergrünen Weltenbaum Yggdrasil entspringt.

Dieses symbolische Lehrbild sagt uns: Es gibt nur einen ‚Ort‘ (Topos), wo wahre Weisheit direkt aus der Quelle, an der Wurzel des Seins, getrunken werden kann, und das ist in der Tiefe des eigenen Selbsts.

---

1   „Gnosis" hängt zusammen mit dem indischen Sanskritwort Jnana, den griechischen Wörtern gignomai und gignoto, dem Alt-Lateinischen gnosco, dem Englischen kenou, know – lauter Wörter, die ‚Wissen‘ heißen. Verwandt damit sind auch die deutschen Wörter Gen, Generation, Genus, Genesis, Genie, genial.

Wer das Ewige nicht im eigenen Herzen gefunden hat –
außen findet er nie, was er im Inneren nicht schuf.
Ist doch die Welt nur ein Spiegel des eigenen Wesens...

Lama Anagarika Govinda

Religere v/s Negligere

Unsere Religionsgeschichte beginnt für gewöhnlich mit Moses oder Buddha, mit Laotse oder Zarathustra. Doch Menschen gab es auf unserem Planeten schon viele hunderttausend Jahre zuvor. Waren unsere Steinzeitahnen auch religiös, vielleicht sogar religiöser als ihre Nachfahren? Ist der Glaube unserer Vorväter, sind ihre Riten, ihre Evangelien verschwunden? Nein, sie sind als Mythen, Märchen oder Geschichten für Kinder weitergegeben worden; dabei wurde ihr religiöser Gehalt sorgfältig verschleiert oder sogar veralbert, um nicht die Missbilligung der jüngeren und nunmehr herrschenden Religionen hervorzurufen.

Wir dürfen nicht vergessen, dass Dornröschen, Hans im Glück oder Rotkäppchen „Evangelien" sind, und dass Jerusalem bereits ein heiliger Berg war, als noch niemand etwas von Jehova und den Israeliten wusste.

Als die Menhire aufgerichtet wurden, konnte niemand wissen, dass Kirchtürme sie ersetzen würden. Und als Baldurs Mythos entstand, ahnte keiner, dass dieser als Archetypus in späteren Evangelien weiterleben würde. Ebenso wenig konnte irgendjemand vorhersehen, dass wir – selbst nach zweitausend Jahren Christentum – unsere Wochentage immer noch nach alten heidnischen Göttern benennen, und dass kein christlicher Gottesdienst ohne Anrufung des ägyptischen Sonnengottes Amon-Re [Amen] stattfindet. Und weil dieser in einer Barke zu reisen pflegte, achten wir noch heute darauf, dass das Kirchenschiff sorgfältig von Ost nach West ausgerichtet ist.

Namen verändern sich, doch die Inhalte bleiben, und oft entdecken wir beim Erforschen alter Überlieferungen vergessene psychologische Schätze.

Die großen Entwicklungen der Menschheit – vom Jäger zum Ackerbauer, von der matriarchalischen zur patriarchalischen Gesellschaft und schließlich zu einem größeren sozialen Bewusstsein – waren nicht primär religiöser Art, aber die etablierten Tempel und Priester folgten ihnen, mehr oder weniger widerstrebend.

Während sich die Namen der Götter von Stamm zu Stamm oder sogar von einer Generation zur anderen verändern, bleiben die ihnen zugrunde liegenden psychologischen Realitäten und Wirksamkeiten, die dahinterliegenden Prinzipien und Kräfte unverändert.

Hinter den Riten steht immer die Einladung, ihre äußeren Formen zu transzendieren, um die innere Wirklichkeit und seelische Entsprechung zu entdecken. Hinter dem Bild, dem Mythos, dem Märchen steht für den Menschen der Wink, sich selbst in all den Symbolen zu erkennen und in der Einheit des Seins zu leben.

Das Wort *Religion* (von lateinisch *religare*) bedeutet *wieder verbinden*, sich immer wieder an sein göttliches Zentrum binden.[1]

Wie ein Gegensatz dazu erscheint das Wort ‚*negligere*‘ (italienisch, von lateinisch *neglegere*, englisch *neglect*); es bedeutet *vernachlässigen*.

Nicht etwa das *Nicht-Vernachlässigen* unserer Pflichten gegenüber den Gottheiten, den Idealen, den moralischen Vorschriften und Sittengesetzen sollte als *religiös* gelten, sondern das stete sich *Wieder-Verbinden* mit dem uns innewohnenden göttlichen Wesenskern, mit unserem geistigen Auftrag, unserem Programm, das zu erfüllen wir auf diese Erde gekommen sind – das ist wahre Religion.

---

1 Das Re im Wort Re-ligion könnte im Zusammenhang stehen mit der ägyptischen Hieroglyphe RE, Symbol für das stete Wiederkehren der Sonne, des Lichts (dargestellt mit Kreis und Punkt). Auch die Vorsilben der französischen Wörter renouveler, refaire, renaître oder diejenigen in René, Reinkarnation, Restauration (und noch anderen Wörtern) deuten auf dieses ‚Wieder‘ hin.

Wenn man im Bewusstsein der Vielheit lebt,

sollte man darüber nicht die große Einheit der Dinge vergessen,

die Einheit hinter, über und in der Vielheit.

Wenn man im beseligenden Bewusstsein der Einheit lebt,

sollte man nicht vergessen, dass ihr Spiel,

ihre Seinsweise die Vielheit ist.

Es gibt die Freude, Vieles zu sein,

und die Freude, Eines zu sein.

Medhananda

Das Evangelium des Herakles

ein griechischer Mythos

Das Evangelium des Herakles
ein griechischer Mythos

Der psychologische Schlüssel zu einem kostbaren Testament
aus einer Zeit, über die wir nicht viel wissen.

Einführung

Unser Wissen über griechische Religion stammt aus den Mythen und Sagen, die wir aus den Werken verhältnismäßig später griechischer Autoren kennen: Apollodorus, Herodot, Hesiod und auch Autoren der römischen Kaiserzeit wie Ovid, Horaz, Pindar und Pausanias – Autoren aus einer Zeit, in der sich die antike Religion schon zu verdunkeln begann. Die meisten heutigen Fassungen der Mythen beruhen auf Apollodorus (2. Jh. v. Chr.), der uns in seiner „Mythographus Bibliotheca" eine rationalistische Darstellung der griechischen Helden und Gottheiten gibt – in einem typisch intellektuellen Versuch, das Geheimnisvolle zu erklären. Das ist etwa so, wie wenn wir im Bestreben, etwas über die Russisch-Orthodoxe Kirche zu erfahren, in der Sowjet-Enzyklopädie nachschlagen würden oder, wenn wir etwas über die jüdisch-chassidische Mystik erfahren möchten, nur die Werke von Marx oder Freud studierten. Doch muss eine Kultur, die das Pantheon schuf und sich Pallas Athene vorstellen konnte, mindestens so religiös gewesen sein wie die griechisch-orthodoxen Christen von heute. Die Hesychasten vom Berg Athos waren nicht die ersten Griechen auf der Suche nach dem Unendlichen, Ewigen und Absoluten. Den Beweis für jene antiken Anstrengungen im Streben nach tieferer Spiritualität – ganz im

Gegensatz zu den „goldenen Legenden", die von späteren wohlmeinenden aber spirituell unterentwickelten Philosophen und Dichtern überliefert sind – können wir bei den so genannten Vorsokratikern, Parmenides und Heraklit, in der Tat bei allen wahren Mystikern finden, bei jenen, die nicht allein gelehrte Schreiber, sondern Pilger der inneren Wahrheit waren.

Diese frühgriechischen Denker und Mystiker widmeten sich ganz dem inneren Leben, und wenn wir sie einmal nicht als Philosophen im heutigen Sinn sehen und die Kommentare von Philosophieprofessoren beiseite lassen, werden wir sie ganz und gar nicht „dunkel" finden. Sie gehören nicht zur intellektuellen, verstandesmäßigen, deutenden Seite des Menschheitstrebens, das allgemein als Philosophie gilt, sondern zur unmittelbaren und umfassenden Erfahrung der inneren Welt.

Es sind jene, die – mit den Worten Jesu – ins Königreich eingetreten sind, oder – wie Platon sich ausdrückt – jene, die sich in jener lichtlosen Höhle der Wahrnehmung von den bloßen Schatten der Dinge und Ereignisse abgewandt haben und nun ins Licht schauen, in die eine und einzige Quelle allen Wissens in uns.

Wenn eine Kultur ein Stadium erreicht, in dem das Wissen des Verstandes das Wissen des Herzens in Frage stellt, dann wird letzteres in der Regel geschwächt und stirbt ab. Dies geschah in Griechenland seit etwa 500 v. Chr. Wenn die Götter allegorisch oder als Personifizierungen der Natur verstanden werden, Liebe als Hormonüberschuss, das Verlangen des Menschen nach Unsterblichkeit als kindische Regression, dann werden die übermentalen Zustände des Propheten und Sehers zur Verrücktheit, und was übrig bleibt, ist der Schriftgelehrte, der Angestellte einer Kirchenorganisation.

Wenn wir uns also die Mühe machen, uns in Griechenland nach der ewigen Religion umzusehen, sollten wir nicht die griechischen Philosophen ab 500 v. Chr. oder die christlichen Kirchenväter befragen, sondern uns die alten Sagen vornehmen und sie im Licht mystischer Erfahrung deuten: mit demselben

24

Schlüssel, den Sri Aurobindo auf die Veden angewandt hat, um ihren goldenen Ursprung freizulegen. Der Schlüssel ist einfach und öffnet alle Türen zu Sagen und Märchen, zu den Träumen und Geschichten, die uns unsere Vorfahren hinterließen, auf dass wir sie wiederentdecken.

Der Mystiker beschäftigt sich nicht mit Fruchtbarkeitssymbolen oder mit der Stammesgeschichte vergöttlichter Könige und Helden, wie einige Deuter von Sagen zu glauben scheinen.

Die Mythen und Sagen der Vergangenheit handeln nicht von Naturgottheiten oder poetischen Personifizierungen. Zeus ist nicht der Donner, Poseidon nicht das Unwetter, ebenso wenig sind Apollon, Artemis und Semele rhetorische Konventionen. Vielmehr symbolisieren sie Prinzipien, Geschehnisse und Kräfte unseres Innenlebens. Es sind weder himmlische Väter noch Höllenteufel; es sind

Zustände des Bewusstseins und des Selbstgewahrseins.

Für den Mystiker ist alles Wissen über das äußere Geschehen unwesentlich – wie nichtiges Stroh, gemessen am inneren Gewahrsein seiner selbst.

Nicht um Dinge, sondern um deren eigentliche Bedeutung, nicht um Wissenschaft oder Bücherwissen, sondern um unmittelbare Bewusstwerdung geht es dem Mystiker. Haben wir einmal diese einfache Tatsache erfasst, dann sind wir imstande, sie als Schlüssel auf eine berühmte Sage des Altertums, den Mythos von Herakles (oder Hercules, wie ihn die Römer nannten) anzuwenden.

Der Weg des Herakles

Der griechische Name Hera bedeutet Erde und kleis bedeutet Ruhm: „Ruhm der Hera, Ruhm der Erde".

Vergessen wir Hercules, den Mann mit den dicken Muskeln, den unsere Renaissancekünstler so liebten, den einschüchternden Helden, den Töter von Kentauren und Menschen, den Jäger, den König der Könige von Volksstämmen, den Jungfrauenverführer und Vater unzähliger Kinder, und richten wir unseren Blick auf jenen Herakles, der nach der höchsten Wahrheit sucht.

Seine Stärke lag nicht in seinem Körper, sondern in der Aspiration, die in jedem von uns ist, und die uns handeln lässt: die Shakti, wie sie bei den Indern heißt, oder die Shekhinah der jüdischen Mystik. Und Herakles' Taten waren nicht die eines primitiven Jägers, sondern die der sich entwickelnden Seele, des erwachenden Bewusstseins des Menschen.

Seine Mutter Hera

Hinter Herakles stand keine andere als Hera selbst – Mutter der Götter und Menschen. Herakles war, wie wir erfahren, ein Sohn des Zeus. Und die frommen christlichen Ausleger, die Jesuitenpatres, die ihren adligen Schülern eine christliche und zugleich klassische Bildung vermitteln sollten, wurden nicht müde, ihnen zu erzählen, wie sittenlos jene heidnischen Götter waren, wie sie äußerlich die Gestalt des Gatten einer unglücklichen Königin annahmen und mit ihr in dieser Verkleidung ein Kind zeugten. Dass sich jede Frau, die sich des Ewigen in ihrem Gemahl bewusst war, in einem psychologisch jungfräulichen Bewusstseinszustand befand, entging den frommen Patres. Tatsächlich gab es den Hieros Gamos, die ‚heilige Vermählung', aus der das göttliche Kind oder der göttliche König hervorging, schon in Ägypten, Jahrtausende bevor die Jungfrau Miriam den Hl. Geist in Gestalt eines Engels empfing.

Überall im Mittelmeerraum war die Bezeichnung König oder Prinz gleichbedeutend mit Gottessohn. Die Töchter aus Königshäusern waren alle Priesterinnen und wurden in Tempelschulen darin unterwiesen, wie man ein göttliches Kind zur Welt bringt, wie man den Hl. Geist, die göttliche Kraft in den Gatten und so in sich selbst herabruft. So wurde aus einer menschlichen Geburt eine Gottesgeburt. Und doch gab es unter all den Gottessöhnen nur einen Herakles, Jahrtausende vor Jesus in zahllosen Heiligtümern als göttlich verehrt.

Als Alexander der Große nach Indien kam, fand er dort Herakles als Parasuraman oder Sri Hari in indischen Tempeln vor. Als Cäsar Gallien eroberte, traf er in jedem Dorf auf die Statue eines bogen- und keulenbewehrten Mannes. Natürlich konnte dies für die Römer nur Hercules sein. Überall wurde sein Geburtstag im vierten Monat am Tag des Vollmondes gefeiert, ein Tag, der auch zum Geburtstag Buddhas und dann zu Ostern wurde.

Heras Verachtung für Herakles ist eine spätere Erfindung einer Generation von Schreibern, die nicht begreifen konnten, weshalb eine Schutzgöttin ihrem, oder ein Schutzengel seinem Schützling Hindernisse in den Weg legen sollte.

Nicht das Leben einfach, sondern es schwierig zu machen, ist aber die Aufgabe eines Helden hervorbringenden göttlichen Beschirmers.

Milch

Nicht nur gab Hera, die Göttin des inneren Lichts (die Lucina der Römer), die Mutter der Götter und Menschen, ihm ihren Namen, sondern sie nährte ihn auch an ihrer Brust. Wir erfahren, dass Zeus selbst seinen Sohn an ihre Brust legte. So trank der

Säugling die Milch der Götter, die Ambrosia der Unsterblichen, und die Milchstraße unserer Galaxie galt antiken Mythenerzählern als Beweis dieser Tatsache. Man könnte kaum eine bessere Darstellung oder ein geeigneteres Symbol finden für die Inkarnation eines kosmischen Bewusstseins, das seine allumspannende Nährmutter und deren Milch sogar am Sternenhimmel entdeckt.

Ist es nicht die Bestimmung des Menschen, in dieser Milchstraße zu reisen, ja das Weltall selbst zu seiner Heimat zu machen? Jede Mutter, die wie seine menschliche Mutter Alkmene (die Kraft des Mondes) ihr neugeborenes Kind auf einem offenen Feld unter den Sternenhimmel legt, und es in diesem kosmischen Bewusstsein erzieht, würde, wie sie, einen Helden heranwachsen lassen, dem die Gestirne Gefährten sind. Und uns wird gesagt, dass Herakles später als erwachsener Mann es immer noch vorzog, unter dem Sternenhimmel zu schlafen. Milch und Milchstraße sind Ursymbole des Mütterlichen in unserem Universum, Symbole der Fülle von Seligkeit und Glück, die es für den Eingeweihten enthält, für denjenigen, den Zeus (das höhere Mentale) an die Brust der Weltenmutter gelegt hat. „Ich bin in die Milch gefallen", ruft der Neueingeweihte in den alten Mysterien, wenn sich ihm die großen Tore zu diesem göttlichen Glückszustand öffnen.

Heilige Schlangen

Das zweite Ereignis, das dieses Heroenleben prägte, war eines Nachts die Begegnung mit zwei blaugeschuppten Schlangen, die seine göttliche Mutter gesandt hatte.

Während aus ihren Schlangenaugen Flammen sprühten, erfüllte Zeus das Gemach des Herakles mit göttlichem Licht. Die feurigen Schlangen sind natürlich ein und dieselben wie die, welche sich um den Stab des Hermes winden, und die Athene auf ihrem Schild trägt. Sie sind Ausdruck des Seelenfeuers, des Sehnens, des Erwachens der Kundalini, der im subtilen Körper des Yogi aufsteigenden Seelenkraft.

Bezeichnenderweise geschah dies am ersten Geburtstag unseres Helden. Die antiken Darstellungen zeigen nicht die aus der Zeit nach Homer stammende Geschichte von den erdrückten Schlangen, sondern Herakles, wie er die beiden Tiere streichelt, und wie diese ihm mit ihren Zungen die Ohren reinigen.

Parallel dazu wird von Athene berichtet, dass sie die Schlangen auf ihrem Schild anwies:

Eilt und reinigt des Teiresias Ohren mit euren Zungen,
damit er die Sprache der (weissagenden) Vögel verstehe.

Die Lehrer

Die Lehrer des jungen Mannes, so berichtet die Sage, waren die Götter selbst. Apollo zum Beispiel, die mit Strahlen treffende Sonne, lehrte ihn das Bogenschießen. Was dieses dem Mystiker bedeutet, erfahren wir aus der Kena-Upanischade:

Mache Dich zum Pfeil
und vom Bogen der Zeit
kehre zurück in die elterliche Sonne.

Eumolpos, Gott des Gesanges, lehrte ihn das Spiel auf der Leier, und verlieh ihm damit die Fähigkeit, Menschen, Vögel und Tiere zu bezaubern. Während er in den Bergen bei Hirten und Jägern aufwuchs, fand er in den Kentauren seine besten Freunde. Für den Mystiker ist der Kentaur ein sehr leicht erkennbares Symbol: der Reiter, der mit seinem Reittier verschmilzt und ein Pferdemensch wird – eine Menschenseele in einem Tierkörper, die diesen bewusst lenkt.

Bevor Herakles zu seinen Arbeiten auszog, schenkten ihm die Götter – nun seine Freunde und Beschützer – die psychologischen Waffen für seine große Aufgabe: die Eroberung und die Erkenntnis seiner selbst. Hermes als Seelenführer, 'Psychopompos', verlieh ihm das heilige Schwert der Unterscheidung, ein Symbol der höchsten mentalen Ebene – vijnana, d.h. die Gabe, das Ewige vom bloß Zeitlichen, und das Unendliche vom Begrenzten und Endlichen zu unterscheiden.

Sein Vater Zeus schenkte ihm den Schutzschild, der nur denen zusteht, die eines Gottes Arbeit verrichten. Hephaistos, das innere Feuer, schenkte ihm eine Keule, die psychologische Fähigkeit, einen wütenden Gegner oder ein wildes Tier zu besänftigen; schließlich beschenkte ihn Pallas Athene, seine besondere Freundin und Schutzgöttin, mit dem weißen Gewand des ewigen Bräutigams, des Götterliebenden.

Tiere des Zodiak

So gestärkt und ermutigt konnte er zur ersten seiner zwölf Arbeiten schreiten. Schon in ältester Zeit wurden die zwölf Arbeiten des Herakles mit den zwölf Tierkreiszeichen gleichgesetzt. Dies bedeutet nicht, dass Herakles nur als Synonym für den Sonnengott zu verstehen ist, der in seinem Jahreslauf die zwölf Sternzeichen, d.h. die „Häuser der Sonne", durchläuft. Ebenso wenig hat dieser alte Tierkreis irgend etwas mit moderner Superstition, mit degeneriertem Glauben an angeblich geheimnisvolle und furchterregende Kräfte zu tun.

Seine Bedeutung wurde ihm von den frühen Sehern und Mystikern gegeben, den Urvätern des Menschengeschlechts. Sie sahen in den Sternenkonstellationen ein Paradigma, ein Lehrbeispiel, dem alle Menschen folgen sollten; eine evolutionäre Sequenz von Geschehnissen, einen psychologischen Pfad, den die menschliche Seele auf ihrem langen Weg zur Vergöttlichung zu durchlaufen hat. Die Symbole wurden mit belehrender Absicht dort festgehalten wie in einem Bilderbuch, das künftigen Generationen zeigen soll, warum der Mensch Mensch ist, und wie er über sich hinauswachsen kann, um mehr als Mensch zu sein.

Die Schilderung der zwölf Arbeiten variiert leicht, je nach

Überlieferung. Die hier gegebene Reihenfolge entspricht ihrer ursprünglichen psychologischen Bedeutung nach der antiken Version des Tierkreises. Ziel der inneren Arbeiten ist die Unsterblichkeit, natürlich nicht die des Leibes, sondern des Bewusstseins, das den Körper, die vitalen und die mentalen Kräfte und Fähigkeiten als Instrumente benutzt; auf diese Weise stellen die Arbeiten eine Wandlung dar, eine Überwindung und Transformation der atavistischen animalischen Kräfte, welche jene Instrumente von Anbeginn des Lebens auf der Erde beherrscht haben.

Die Arbeiten repräsentieren

Stufen,

mittels derer wir

unser inneres Königreich erobern

und in Besitz nehmen.

Der Yoga des Herakles

Die ersten sieben Arbeiten

Die Reinigung des Augiasstalles, die Vögel, die Hirschkuh, der Stier, die Stuten, der Eber, der Löwe – sie alle haben zu tun mit der erfolgreichen Unterwerfung der von den Vorfahren ererbten tierischen Kräfte in uns.

Der Mensch ist das Ergebnis einer langen Evolution, und obwohl diese seiner seelischen Ausstattung immer neue Fähigkeiten hinzugefügt hat, hat sie wenig getan, um ihn von alten Kräften zu befreien.

Noch immer haben wir ein Reptilgehirn in uns, das bloß von neuen Hirnwindungen, Schichten, Neuronen überlagert worden ist. Die alte Tiernatur ist immer noch da und kann nur durch unsere bewusste Anstrengung unter Kontrolle gebracht werden. Diese Anstrengung, dieser Yoga ist das, was den Homo sapiens von seinen Vorfahren unterscheidet. Adam und Herakles, Gilgamesch und Rama sind Archetypen dieser frühen Eroberer. Hätten sie mit ihren Arbeiten keinen Erfolg gehabt, dann wären die tierischen Kräfte, denen wir, die späten Abkömmlinge jener Helden, in uns selbst begegnen, sehr viel bedrohlicher. Vergessen wir nicht, dass diese Helden es waren, die den Menschen erfolgreich domestizierten. Heute können wir uns die Vitalität, die explosive Wildheit unserer Vorfahren kaum mehr vorstellen. Nur wer es gewagt hat, einem wilden Tier in seiner eigenen Umgebung auf gleicher Ebene entgegenzutreten, kennt den himmelweiten Unterschied zwischen der Vitalität etwa eines wilden Stiers und der eines gezähmten Hausrindes. Die Eroberungen dieser antiken Helden waren nicht vergeblich. Wir profitieren von ihren

Anstrengungen, so wie unsere Nachfahren in ferner Zukunft von den unseren profitieren werden. Unzweifelhaft werden von einer Menschheit, die Reisen in Zeit und Raum unternimmt, die letzten Spuren ihrer Tiernatur ausgemerzt werden müssen.

Nur wer sich selbst erobert hat, wird fähig sein, von Stern zu Stern zu reisen – zu jenen Sternen, nach denen sich der junge Herakles sehnte, und um derentwillen er die tierischen Dämonen in sich besiegte. Natürlich sind die Bären, Löwen und Stiere, denen wir beim Versuch, unser inneres Königreich in Besitz zu nehmen, begegnen, mittlerweile ziemlich gut gezähmt und gehorchen willig der Stimme ihres Herrn, im Vergleich zu den vitalen Riesen und Ungetümen, die unsere Ahnen im eigenen Innern zu überwältigen hatten.

Wahnsinn

Bevor Herakles zu seiner ersten Arbeit aufbrach, überkam ihn – von Hera gesandt, so heißt es – eine göttliche Raserei, während der er seine eigenen acht Söhne tötete. Eine Menge Unsinn wurde über diese berühmte ,Verrücktheit' geschrieben, um die furchtbare Handlung zu verniedlichen oder hinwegzuerklären. Um die tiefer liegende Lehrbotschaft im Heraklesmythos zu finden, haben wir uns vorgenommen, all die äußeren Geschehnisse in der Geschichte als Symbole des inneren spirituellen Lebens anzusehen. In diesem Licht erscheint die Tötung der acht Kinder vollkommen klar motiviert. Was muss ein Jünger der Wahrheit tun, bevor er sich auf seine spirituelle Pilgerfahrt begibt? Er muss sich von seinen äußeren Verpflichtungen als Mitglied einer Familie oder eines Stammes, als Vater, Sohn, König usw. lösen. Die griechischen Namen und Schicksale dieser so genannten „Söhne" machen dies deutlich. Einer war dazu bestimmt, Herrscher von Argos zu werden, ein anderer König von Theben usw. Die würdigsten Bräute waren für sie ausgewählt worden, um dadurch Allianzen mit Athen und Sparta zu schaffen. All diesem musste Herakles entsagen. Die Namen zeigen deutlich, dass die ermordeten Kinder seine Pflichten gegenüber dem königlichen Geschlecht verkörpern, in das er hineingeboren worden war. Auch die Tötungsmethode selbst ist bezeichnend. Er schleuderte sie ins Feuer – in das Seelenfeuer, in seine flammende Aspiration. So übergibt auch heute der indische Sanyasin in einem feierlichen Brandopferritual seine Vergangenheit dem Feuer, wenn er sein Gelübde ablegt.

Der Guru

Als Herakles' Wahn vorüber war, so wird weiter erzählt, schloss er sich in einer dunklen Höhle ein und mied jeden Umgang mit Menschen, um sich in der Einsamkeit auf die übermenschlichen Aufgaben vorzubereiten, die zu erledigen ihm bestimmt war. Gleich nach dieser Vorbereitung wanderte er zum Orakel von Delphi, um Klarheit über seinen weiteren Weg zu finden. Die Pythia, Apollons Priesterin, die ihn jetzt zum ersten Male mit seinem ewigen Namen Herakles statt mit Prinz Palaimon ('Ringer') ansprach, riet ihm, nach Tiryns zu gehen und in die Dienste von Eurystheus, seinem Lehrer und Meister, zu treten und alles zu tun, was dieser ihm auftragen werde. Als Lohn hierfür, so versprach sie, würde er Unsterblichkeit erlangen. In den späteren Versionen der Heraklessage ist Eurystheus ein neiderfüllter Gegner des Herakles. Doch wie sein Name 'Erweiterer' (des Bewusstseins) sagt, und die Geschichte zeigt, war er ein gewitzter Lehrer und spiritueller Meister, der seinen Schüler Schritt für Schritt, von Aufgabe zu Aufgabe auf seinem mühevollen Weg zur Unsterblichkeit anleitete.

Der Stall

Die erste Arbeit, die Eurystheus dem jungen Herakles zuwies, war das Ausmisten des Stalles – ein transparentes Symbol, das den Zustand zeigt, in den eine unsterbliche Seele gestoßen wird, wenn sie auf die Erde herabkommt und in jene Tierhülle schlüpft, die wir den Menschenleib nennen. Auch Jesus wurde in einem Stall geboren. Und in Genesis 3:21 heißt es: *Und die Elohim machten Tierhäute für den Mann und die Frau und bekleideten sie damit*, bevor sie aus dem Paradies auf die Erde vertrieben wurden. So wurde für den Menschen die Bewusstwerdung, dass seine Seele nicht mit seinem vergänglichen Tierkörper identisch ist, zum ersten Schritt auf dem Weg zur Unsterblichkeit.

Eine solche Bewusstwerdung bedingt aber auch einen reinigenden Prozess. Wasser galt schon immer als Symbol für die vibratorischen Kräfte, die kosmischen und seelischen Energien. Die inneren Stalltüren, unsere ‚Trennungswände‘, müssen geöffnet werden, damit die erneuernden Energien, die reinigenden Schwingungen durch uns hindurchströmen und uns läutern können. In diesem Sinne ist auch das Eintauchen ins Wasser, die „Taufe", als eine Läuterung zu verstehen und steht am Anfang allen spirituellen Lebens. Der Fluss, wie er uns in der Heraklessage und in den biblischen Berichten von Jesus geschildert wird, findet sich auch im Symbol des ‚himmlischen Flusses‘ wieder, wie es der Wassermann, das entsprechende Tierkreiszeichen, impliziert.

Die Ausmistung von Ställen, wie wir sie auch in keltischen und nordischen Sagen finden, ist ein Relikt aus der jungsteinzeitlichen Viehzüchterkultur. Der König, dem der Stall gehörte, hieß zu Recht Augias, ‚heller Lichtstrahl‘, der ‚Scheinende‘ und soll ein Sohn des Helios, der Sonne, gewesen sein, ein leicht durchschaubares Symbol für unsere Seele.

Auf diese Läuterung des vitalen Wesens folgt zwingend die nächste Aufgabe, eine Reinigung des mentalen Wesens.

Die Vögel

Unzählige menschenfressende Vögel mit ehernen Schnäbeln, ehernen Klauen, ehernen Flügeln leben und waten und brüten in den dunkelsten Sümpfen (unseres mentalen Wesens) und verpesten mit ihrem Kot sogar die Luft.

Sie verkörpern uralte atavistische Ängste, Fieberdämonen aus den niedrigsten Regionen des Mentals, alterslose vogelfüßige Sirenen der Angst, wiederkehrende Albträume, Störenfriede, bedrückende Gedanken, obsessive Verzweiflung.

Herakles vertrieb diese unheilverheißenden Vögel und benutzte dazu eine Rassel, Symbol des heiligen Mantras. Es wurde ihm von seinem Freund Hephaistos gegeben, dem Gott des Seelenfeuers.

Die Hirschkuh

Die dritte Aufgabe, die endgültige Eroberung des Mentals, bestand darin, die Gedanken, das Denken selbst einzufangen, jene flüchtige Hirschkuh mit goldenen Hufen, die so schnell lief, dass selbst die Göttin Artemis, die hirschkuhgleiche Jägerin im Kreis der Himmlischen, sie nicht erjagen konnte. Unermüdlich jagte Herakles sie, ein ganzes Jahr lang, während er in Meditation saß. Er folgte ihren Fährten Tag und Nacht, bis er sie schließlich schlafend überraschte und auf diese Weise seine mentalen Prozesse beherrschen und jenes geistige Schweigen gewinnen konnte, das den Meister-Yogi, die befreite Seele, kennzeichnet.

Der Stier

Dies reine und regungslose Bewusstsein – oder Shiva, wie es die Inder nennen, das schweigende Mental – bedarf eines Werkzeuges, eines gehorsamen Dieners. So war die nächste Eroberung der Stier, das Reittier Shivas, auch eine Erscheinungsform von Vater Zeus, ein Symbol der Schöpferkraft des Göttlichen, das seit undenklichen Zeiten als Apis in Ägypten und als Minotauros auf Kreta verehrt wurde. Nach einem langen Kampf fing Herakles das göttliche feuerschnaubende Tier ein, weihte es Hera und setzte es, gezähmt, in Freiheit. In späterer Zeit musste jeder Initiant der Dionysischen Mysterien einen Stier einfangen, der in seiner ursprünglichen Theophanie Zeus darstellte. Dieser heilige Kampf mit dem Stier ist im Laufe der Zeiten zum heutigen Stierkampf degeneriert, einer Stuntshow für das Tourismusgeschäft.

Das Pferd

So wie in der Geschichte der Menschheit der Zähmung des Rindes die des Pferdes folgte, kommt nun als nächste Aufgabe die Zähmung der Stuten des Diomedes. Sein Name weist auf die yogabezogene Bedeutung der Eroberung hin: Dio = Zeus und Medes oder Metheus = Mental, Denken. Eine vedische Hymne besingt, wie die frühen Seher und Rishis sie einfingen:

„Eingejocht lasse die neunundneunzig dich tragen – eingejocht durch das Mental. O, Vayu, nähere dich in deinem Wagen des glücklichen Lichts, um den Soma-Wein (Nektar) zu trinken".

Die wilden Rosse, denen der Yogi Zügel anlegt, sind seine inneren Energien, die sich in seinem Atmen zeigen, und jedem, der versucht hat, seinen Atem anzuhalten, wird das gelungene Bild von scheuenden Pferden einleuchten, welche die Pflöcke ausreißen, an denen sie festgebunden sind. Doch ein ‚Diomedes', ein Herrschermental, ist das Ergebnis, wenn wir die Stuten, unsere wilden Energien, zügeln.

Der Eber

Mit einem erleuchteten Mental können wir nun in die dunklen Gewölbe unseres Bewusstseins hinabsteigen; und das Tier, welches diesen Abstieg und die nachfolgende Anhebung dieses dunklen, unbewussten Bereichs zum Licht verkörpert, ist der Eber. In Griechenland war er der Mutter Erde heilig, und in der indischen Mythologie erscheint er als einer der Avatare von Vishnu, und seine bildlichen Darstellungen zeigen, wie er zärtlich die Erde aus dem Urschlamm heraushebt. Im Mythos ist das Tier zu Beginn des Kampfes unser Feind, dann wird es zum gehorsamen Diener und schließlich – in einer totalen Identifikation – ein integraler Teil unserer selbst.

Der Löwe

Nachdem das Unterbewusste ins Licht des Bewusstseins gehoben worden ist, folgt als siebtes und letztes Tier, das es zu bezwingen gilt, der majestätische Löwe, das Symbol für den Beherrscher dieses inneren Königreichs. Der Löwe bringt uns wahrhaft königliche Geschenke: die uralten Tugenden des Mutes und der Treue, Aufrichtigkeit und Großzügigkeit – alles Zeichen einer souveränen Seele, die sich ihrer Kräfte und edlen Natur bewusst ist.

Im Thomasevangelium (Log. 7) finden wir das Jesuswort:

„Selig der Löwe, den der Mensch isst, und der Löwe wird Mensch, und grässlich der Mensch, den der Löwe frisst, und der Löwe wird Mensch."

[Im zweiten Fall wird der Mensch von der in ihm hochsteigenden Energie, der noch ungezähmten Löwenkraft, überwältigt.]

Die indische Göttin Durga heißt, wie Inanna und Ischtar von Ur und Babylon, die Löwenreiterin, und im alten Griechenland verlangte ein Krönungsritual vom geweihten König, nach der Bezwingung eines Stiers gegen einen Löwen anzutreten, um zu zeigen, dass er wirklich Herr seines Reiches ist. Der Besitz eines Tigerfells war in Indien noch vor einer Generation, als es noch viele Tiger gab, das äußere Zeichen eines Raja Yogi – einer königlichen, befreiten Seele. So also müssen wir das Tragen des Löwenfells durch Herakles verstehen.

Der Gürtel

Nach dem Löwen kommt im Tierkreis die Jungfrau und damit die achte Aufgabe. Der Erwerb des Gürtels der Hippolyte war in Wirklichkeit mit keinerlei Mühsal verbunden, sondern vielmehr eine heilige Hochzeit, die *Unio mystica*, d. h. die Begegnung und Verbindung der nun bewussten Inkarnation mit ihrer Seele, ihrem Schutzengel. Tatsächlich gehört der goldene Gürtel nicht der Amazonenkönigin, sondern Aphrodite, und stellt die Göttin der Schönheit selbst dar.

Die Sage berichtet, dass, als Herakles in das Amazonenland gelangte, ihm die Königin ihren Gürtel als Geschenk überreichte. Die Darreichung des Gürtels ist, wie später der goldene Ring, ein Symbol der Hochzeit.

Auf Tahiti war der Rote Gürtel, die *Maro ura* das Zeichen der Königswürde und nicht etwa die Krone, die einem späteren Zeitalter angehört. [Im alten Ägypten war der Isisgürtel ‚Tet' von großer Bedeutung, und im Thomasevangelium sagt Jesus: „Gürtet Euch mit Stärke".]

Der Sinn für Schönheit, das Gespür für Schönheit, die Freude an Schönheit ist nichts, was man erringen kann; es wird verliehen. Es ist etwas, was vielmehr wiedererworben wird, weil die Empfänglichkeit für Schönheit immer unser seelisches Wesen kennzeichnet. Doch wie Herakles müssen wir Ställe ausmisten und wilde Tiere bändigen, bevor wir uns ungehindert an der Schönheit erfreuen können.

Und wenn wir erst einmal den goldenen Gürtel besitzen, heißt dies, dass wir ringsum von Schönheit umgeben sind – einer

Schönheit, für die wir in unserem ‚ungebändigten' Zustand blind oder gleichgültig waren.

Die Hydra

Aber damit sind wir noch nicht mit den Arbeiten zu Ende. Selbst wenn wir unseren Gürtel zurückerlangt und die Ekstase und die Seligkeit, die uns die Schönheit bringt, erfahren haben, entdecken wir, dass etwas droht, sie uns zu entwenden: es sind dies keine Tiere, wie die von uns bezwungenen, sondern diesmal ist es ein wirkliches Ungeheuer. Denn die neunte Aufgabe besteht darin, die vielköpfige Hydra zu töten.

Zum ersten Mal war hier etwas, was Herakles wirklich zerstören musste; die Zähmung reichte nicht. Es war ein Teil seiner selbst, sein eigenes Ego, sein Gefühl des Getrenntseins, sein Empfinden, etwas vom All Gesondertes und Unterschiedenes zu sein. Dieser Drache oder dieses Schlangenungeheuer begegnet uns in den Sagen aller Völker, und überall ist es Ausdruck für die gleiche psychologische Realität. Auch in der christlichen Mythologie stoßen wir auf den Drachen, den Ursprung allen Übels; ihn erschlug der Erzengel Michael – eine spätere Version des Heraklesmythos.

Hören wir ein Zitat aus Indien, aus dem *Vivekacudamani* von Shankaracharya:

„Wie eine mächtige und angsteinflößende Hydra hat sich das Ich-Gefühl um einen kostbaren Schatz gerollt: die Glückseligkeit des Brahman. Sie hält sie zum eigenen Gebrauch zurück und erhebt ihre drei drohenden Häupter darüber. Nur der Wissende vermag dieses Ungeheuer zu töten. Der heiligen Schrift folgend, schlägt er die drei Häupter mit dem unüberwindlichen Schwert der Selbstverwirklichung ab und gelangt sogleich in den Besitz des Schatzes: die ewige Seligkeit".

Einige Versionen der Heraklessage bringen die Tötung der Hydra gleich zu Beginn als zweite Arbeit. Aber sie stellt ganz offensichtlich eine krönende Eroberung dar; zumindest was unser bewusstes Wesen angeht, gehört sie in die Endphase der Arbeiten.

Kerberos oder der Skorpion

Nach dieser heldenhaften Selbstbezwingung, der Tötung der Hydra, also der Vernichtung des Ichs, bleibt immer noch ein Teil unseres Bewusstseins zu unterwerfen – und zwar der Teil, den wir mit allen Menschen gemeinsam haben: das geheimnisvolle Reich der Toten – der ‚Inferni‘ oder ‚Inferi‘, wie seine Bewohner im Altertum genannt wurden –, oder die ‚Hölle‘, wie der Name dieser Region von unseren Kirchenvätern in psychologischer Verkennung übersetzt wurde. Doch es war etwas, was ein Held in sich selbst zu bezwingen hatte. Gilgamesch und Osiris, ja auch Jesus hatten alle in ihre eigene Unterwelt herabzusteigen und ihre Bewohner, unsere Vorfahren, zu befreien.

Damit gelangen wir zur zehnten Aufgabe: der Bezwingung des Kerberos. Hier geht es wiederum nicht um das Erschlagen, sondern um das Einfangen, denn Kerberos war der treue Wachhund, der Türhüter dieser geheimnisvollen Unterwelt, die Freud und Jung für den modernen Menschen zu erforschen versuchten.

Wir erfahren, dass Herakles zur Vorbereitung nach Eleusis zog, wo er darum bat, zu den dortigen Mysterien zugelassen zu werden. Natürlich musste er über den besonderen Bereich, den er jetzt betreten würde, und seine Beschaffenheit Bescheid wissen, und er erfuhr unter anderem, dass der dreiköpfige Hund – der Wächter dieser Unterwelt – niemand anderes sei als Mutter Hekate selbst. Mit diesem Wissen ausgestattet, hatte er keine Schwierigkeiten, die zehnte Arbeit zu vollbringen, da unser Unterbewusstsein auch ein Aspekt der Großen Mutter ist. Zunächst erlaubte ihm Hades, den Hund anzuketten. Es folgte ein kurzer Kampf, bei dem der Hund versuchte, Herakles mit seinem stachelbewehrten Schwanz (dem Skorpionschwanz) zu treffen, doch war Herakles durch sein Löwenfell geschützt. Die

Geschichte geht dann so weiter, dass Herakles anschließend von dem jetzt folgsamen Hund durch die Elysischen Gefilde getragen wurde.

In einer anderen Version, die in ihren Konsequenzen vielleicht die verständlichste ist, heißt es, dass der nun goldene Hund seinem Herrn überall hin folgte. So betrat und überwand Herakles sein eigenes Unterbewusstes – jenen Teil seiner selbst, der allgemein als Tod oder Hölle gefürchtet wird. Wenn der Apostel ausruft: „Tod, wo ist dein Stachel?", was meint er wohl mit dem ‚Stachel'? Natürlich dieses Symbol des Tierkreises, das der Held, der Heros, in sich erobern muss.

Für den griechischen Glauben (Herodot und Hesiod) sind Heroen besondere Geschöpfe des Zeus, und während gewöhnliche Sterbliche in den Hades gehen, sind den Heroen die Inseln der Seligen vorbehalten, die Elysischen Gefilde. „Makarios, der Glückselige", ist noch heute ein Titel für ostkirchliche Bischöfe, und in den Seligpreisungen der Bergpredigt wurden ursprünglich solche Selige, solch innere Helden beschrieben. Jeder kann ein Heros werden, der sich dafür entscheidet, und der sich selbst erobert.

Die Rinder

Das Einfangen der Rinder erzählt uns von Herakles' Eroberung des Himmels, in den der Heros, der Yogi und der Krieger einzutreten haben, wenn sie Unsterblichkeit erlangen wollen. Um dieses geheimnisvolle Reich jenseits von Tod und Leben zu durchmessen, benötigte Herakles ein Gefährt. Er wartete, bis die untergehende Sonne den westlichen Horizont berührte und schoss einen Pfeil hinein, um sie dort anzuhalten. Mit diesem Schuss erreichen wir das Sternbild ‚Schütze' und die elfte Aufgabe.

Auf die untergehende Sonne zu schießen, um nach ‚Westen' zu gehen und auf die berühmte Sonnenbarke eingeladen zu werden, ist eine uralte Geschichte, die ihren Ursprung in Ägypten hat.

Und so reiste Herakles durch den Himmel nach Erythreia, dem rotgoldenen Land, der Heimat der goldenen Kühe. Diese Kühe, die er mit sich zurückbringen sollte, gehörten König Geryon, dem verehrungswürdigen ‚Alten' (einer der Namen des Helios selbst). Auf der elften Tafel des ‚Babylonischen Schöpfungsepos' unternimmt Gilgamesch eine ähnliche Reise, die ihn über das Meer zu einer Toteninsel führt, und benutzt dabei sein Gewand als Segel. Dieses Ereignis weist auf zahlreiche Übereinstimmungen zwischen der Herakles- und der Gilgameschsage hin. Wie Herakles tötet Gilgamesch einen riesigen Löwen und legt sich sein Fell um, packt einen Himmelsstier bei den Hörnern, bezwingt ihn und entdeckt ein Kraut der Unverletzbarkeit, folgt dem Lauf der Sonne und besucht einen Garten der Hesperiden, wo er einen Drachen tötet, der sich um einen heiligen Baum windet, und wird dafür mit der Unsterblichkeit belohnt. Die Kühe sind natürlich symbolisch gemeint und leicht zu deuten. In den vedischen Gebeten werden sie angerufen als, „leuchtende Scharen des Lichts". Sie sind Bilder für einen Bewusstseinszustand voller Licht, Entzücken und Fülle.

Die leuchtende Herde der Morgenröte

„Unsere Väter", so lesen wir in den Veden, „fanden das verborgene Licht durch die Wahrheit in ihren Gedanken, sie verhalfen der Morgenröte zur Geburt".

Und der Held, der Yogi wird „Sucher der Kühe" genannt.

Sucher der Kühe,
Reisender zum Sitz des Himmels...

so wird derjenige, der sich selbst erforschen will, an sein inneres Programm erinnert. Es ist die bildhafte Sprache der Mystiker, nicht etwa die Naturanbetung von Barbaren, wie einige Gelehrte glauben. Der Held ist derjenige, der Erde und Himmel überschritten hat, und der das ganze Dasein zu seiner Heimat gemacht hat. Die überhimmlische Weite muss entdeckt werden durch ein Hervorlocken der goldenen, lichtvollen Herden aus ihren geheimen Höhlen.

Kühe waren in der damaligen Jungsteinzeit natürlich auch ein Ausdruck von Reichtum. So waren die Sonnenrinder, die Herakles holen musste, Sinnbilder für die Schätze, die zu sammeln auch Jesus seinen Jüngern empfahl. Was sind das für Schätze im Himmel, die wir uns verdienen und sammeln sollen? Hera und Ischtar, Isis und Hathor erscheinen als Kühe, wenn sie ihre majestätischste Gestalt annehmen, und in Indien wird die Kuh bis heute als die Mutter verehrt – trotz aller wohlmeinenden Versuche unzähliger Missionare, solch „heidnische" Sinnbilder durch anthropomorphe zu ersetzen.

Die kuhgestaltige Göttin mit der Sonnenscheibe zwischen ihren Hörnern nimmt uns mit in eine Zeit, da es noch keine Sonnengötter gab; die Sonne wurde ursprünglich als weiblich und eins mit der Großen Mutter gesehen. Später waren ‚die Kühe' (nun in der Mehrzahl) die goldenen Abendwolken oder die Wolken der Morgenröte, Symbole für Erleuchtung und Verklärung.

So war es für Herakles, der schon als Säugling Heras Milch getrunken hatte, ganz natürlich, dass er nun der Himmelsmutter in ihrer himmlischsten und schönsten Gestalt, der Kuh, begegnen sollte. Und hier im Himmel, auf den Gipfeln unseres Seins, bedeutet die Kuh die Fülle von Licht und Wärme, die Süße von Liebe und Seligkeit.

Die Äpfel

Das letzte Abenteuer des Herakles war die Aneignung der goldenen Äpfel der Unsterblichkeit. Bekanntlich war der Baum der Erkenntnis, von dem Adam und Eva aßen, nicht der einzige ‚verbotene' Baum im Paradies. Ein weiterer war der Baum des Lebens, „Und die Elohim sagten:

44

‚Siehe, der Mensch ist uns gleich geworden, er kann gut und böse unterscheiden. Nehmen wir uns in Acht, dass er nicht auch noch die Früchte vom Baum des Lebens isst und unsterblich wird wie wir'.

So trieben die Elohim den Menschen aus dem Garten Eden."

Während die großen Religionen sich damit begnügen, von ihren Anhängern den bloßen Glauben an ein ewiges Leben zu fordern, bestehen die Yogis und Mystiker aller Zeitalter und Völker darauf, die goldenen Äpfel tatsächlich zu kosten. Nur ihnen sind sie keine bloßen Allegorien oder Wunschdenken, sondern eine Realität des inneren Lebens.

In wunderbarer Übereinstimmung zwischen der altägyptischen und babylonischen Bildersprache, der indischen und germanischen Mythologie, der mexikanischen und chinesischen Symbolik, der altkeltischen und der heutigen christlichen Weihnachtsbräuche, erinnert uns der immergrüne Baum des Lebens mit seinen goldenen Äpfeln an eine Wirklichkeit, die viel stärker ist als alles, wovon Marx oder Freud je hätten träumen können. Der Mythos erzählt uns, dass Herakles auf dem Weg zum Garten der Hesperiden Prometheus befreite, welcher dafür bestraft worden war, der Menschheit das Feuer vom Himmel geholt zu haben. Doch was Prometheus symbolisiert, ist unser mentales Wesen: Metheus, jener göttliche Zwerg, der ein Gefangener seines eigenen Tuns ist, gekettet an Felsen der materiellen Welt. Zugleich wird er von den Adlern des Zeus, den Boten aus luftiger Höhe, gequält. Sie sind Überbringer von Ideen und Idealen, die unserem mentalen Wesen eine Art unglückliche, schmerzliche Unsterblichkeit verleihen. Einerseits wurde Prometheus, wie Adam, fälschlicherweise und für alle Ewigkeit der Erhebung wider die Götter angeklagt, andererseits dafür gepriesen, das himmlische Feuer auf die Erde herabgebracht zu haben.

In allen Mythologien begegnen wir diesem ambivalenten Gott: dem Mental, dem Intellekt des Menschen. Einerseits helfend, dem Menschen Erleuchtung bringend, spielt er Luzifer, den Lichtträger, aber auch den Träger der gefährlichen Idee, dass der Mensch gewissen Göttern misstrauen muss und sich gegen sie erheben kann. Loki, der Gott der Lügen in den altnordischen Religionen, war der Widersacher Baldurs, des wahren Lichts. So hält sich auch Brahma, der falsche Brahman, für den einzigen Schöpfer des Universums und fähig, die Seligkeit Shivas zu ermessen.

Aber was wäre der Mensch ohne sein Mental? Es ist ein großartiges Werkzeug, jedoch nicht der wahre Herrscher unseres Königreichs. Es ist der ewige Sucher nach Wahrheit, jedoch nicht der Wissende, der sich selbst erkannt hat. Unser mentales Wesen, dazu verurteilt, an die materielle Welt gebunden zu sein und doch nach den himmlischen Höhen verlangend, kann nur durch heldenhafte Anstrengung befreit werden und seiner Göttlichkeit und seiner Transzendenz bewusst werden.

Nach langer Pilgerfahrt erreichte Herakles die schneebedeckten Gipfeln des Seins, hoch über allen menschlichen Sorgen; dort, wo die Luft frisch ist und die Sicht weit. Hier begegnete er einem Bruder-Mystiker, einem alten Yogi, einem Giganten des wachen Bewusstseins, Atlas (griechischer Name für ‚der Mutige, der Wagende‘), einem Bewusstsein, das das gesamte All wahrnimmt und es wagt, das Himmelsgewölbe selbst auf die Schultern zu nehmen.

Natürlich lastete das Gewicht des gesamten Universums auf seinen Schultern. Herakles wusste, dass nur solch ein unermessliches Bewusstsein die Äpfel der Unsterblichkeit zu pflücken vermochte. Atlas willigte ein zu helfen, doch musste Herakles solange die Last des Himmelsgewölbes mit allen Gestirnen auf seinen Schultern tragen. Eine großartige antike Skulptur aus Olympia zeigt Herakles bei dem Versuch, dieses zu tun. Er beugt sich unter dem Gewicht des Himmels, doch steht sein ewiger Schutzengel, Pallas Athene, unerkannt hinter ihm und erleichtert

mit einer Hand seine Last. Atlas war also frei, ihm die wundersamen Früchte zu holen.

Auf diese Weise – mit der Errungenschaft der goldenen Äpfel
der Unsterblichkeit und der Bewusstwerdung seiner eigenen
Ewigkeit – vollendete Herakles die berühmten zwölf Arbeiten.

Doch für immer in menschlicher Gestalt zu bleiben, ist nicht
das höchste Ziel. Selbst wenn wir das Bewusstsein der Ewigkeit
besitzen und uns unserer Unendlichkeit stets bewusst bleiben –
also ein bewusstes unsterbliches Wesen sind – gibt es noch immer

ein ewiges Werden,

eine ständige Transformation

äußerer Formen,

an der teilzuhaben

wir eingeladen sind.

Wie Herakles sich selbst erkannte

Die Apotheose

Die so genannte Apotheose (Vergöttlichung) des Herakles, seine Begegnung mit dem kosmischen Feuer, stellt die letzte seiner vielen Bewusstseinswandlungen in menschlichem Körper dar.

Wie später Moses, bestieg er einen hohen Berg, einen inneren Himalaya; doch anders als Moses begegnete er nicht nur dem Feuer, das alle Dinge ist, und das sich selbst ,Ich bin das Ich Bin' nannte, sondern er wurde eins damit und wurde von ihm und in ihm fortgetragen. Als der Scheiterhaufen in Flammen aufging, blendete ein Lichtblitz alle Umstehenden. Eine feurige Wolke schob sich unter Herakles' Leib und trug ihn davon. Zeus nahm seinen Sohn zu sich. Dieses Feuer, von unseren Vorvätern verehrt und in den Vedischen Hymnen besungen, muss richtig verstanden werden, wenn wir erkennen wollen, was wir selbst sind, was Seele oder Gott ist. Wir müssen begreifen, dass das Universum keine Anhäufung von Materie, sondern Energie, Feuer ist. Das Leben ist nicht nur die sichtbare Form der Lebewesen, sondern ein Prozess, eine Welle, eine Flamme – eine rasche Verwandlung. Eine Seele ist nicht ein Körper, nicht einmal ein ätherischer Körper, sondern eine Energie, eine Sehnsucht, eine Aspiration, ein ewiger Prozess. Solange du glaubst, dass du ein Körper, eine Form bist, wirst du sterben. Sobald du dir aber bewusst bist, dass du ein Feuer bist, ein nie endender explosiver Transformationsprozess, wirst du für immer in dieser Flamme, die du bist, leben. Und dies ist die Bedeutung von Herakles´ Himmelfahrt im Feuer: Der Mensch, jener kleine, blasse Funke des Sternenfeuers, der er auf diesem dunklen Planeten gewesen ist, wird schließlich zum leuchtenden Stern.

Und stolz konnten unsere Steinzeitvorfahren ihren Kindern das Sternbild Herakles, den Jäger, zeigen und ihnen erzählen, wie ein menschliches Wesen wie sie selbst ein Begleiter der Sterne werden konnte durch das Wunder seiner Seele, jenes inneren psychischen Feuers, dem es möglich ist, zu wachsen und das Universum zu umarmen.

Viele Jahrhunderte später sprach Jesus: „Ich bin das Feuer, und wer mir nahe ist, ist dem Feuer nahe" [Thomasev. Log. 82] oder: „Ich habe Feuer auf die Welt geworfen und siehe, ich hüte es, bis sie brennt" [Log. 10]. Jesus sprach zu seinen Jüngern von der Transformationskraft. Doch später, in den dunklen Zeiten des Mittelalters wollten die Menschen nichts vom heiligen himmlischen Feuer wissen und versetzten es in die Hölle.

Herakles der Held,
der sich selbst erobert hat

Im Altertum wurde Herakles im ganzen Mittelmeerraum verehrt. Jede Stadt fügte seinem Leben irgendeine Heldentat hinzu, um ihn identisch sehen zu können mit ihren eigenen heroischen Ahnen. Die Riesenschar von Söhnen, deren Vater er gewesen sein soll, ermöglichte es jeder örtlichen Herrscherfamilie, von einem direkten Vorfahren anzunehmen, er sei ein Sohn des Herakles gewesen. Auch die Römer erhoben Anspruch auf ihn, fügten seinem Leben einige Geschehnisse hinzu, um ihn mit ihrer eigenen Geschichte zu verbinden.

Heros

Doch Herakles blieb den Historikern ein ewiges Rätsel: war er Mensch oder Gott, Heros (Halbgott) oder ein sagenhafter König?

Was ist denn ein Heros?

Jemand, der seine Furcht überwindet und sich wie ein Held verhält? Oder jemand, der weiß, dass er nichts zu fürchten hat?

Selbst eine Henne wird sich furchtlos einem großen Hund entgegen stellen, wenn ihre Küken noch klein sind. Sind deshalb alle Hennen Heldinnen? Nein, ein Heros ist jemand, der über das gewöhnliche Menschsein hinausgewachsen ist, weil er sich selbst dazu erwählt hat, mehr zu sein als ein Mensch. Ein Heros ist in allem Heros: im Schlaf hat er keine Albträume, denn in seiner Gegenwart werden Tiger zu Kätzchen und der Kerberos zu einem zahmen Haustier.

Wie konnte diese wunderbare Geschichte nur aller Bedeutung entkleidet werden? Die Mythologen von heute fragen nach den

50

verschiedenen geographischen Schauplätzen und erwägen tausend rationale Erklärungen. Einer sagt, dass die Äpfel der Unsterblichkeit Schafe gewesen seien, weil ‚melon' d.h. Apfel im Altgriechischen auch ‚Schaf' bedeuten kann. Ein anderer Forscher meint, Atlas sei ein Lehrer der Astronomie gewesen und habe Herakles die Namen der Gestirne beigebracht. Wieder andere sehen in den Taten eher uralte Rituale und weniger Allegorien. Nur wenige ahnen deren tiefen Sinn. Als die Jünger zu Jesus sagten: „Sie glauben, dass du in Gleichnissen sprichst" antwortete er: „Sie haben Augen, aber ihre Seelen sind blind". Sie kennen das Herdfeuer in der Küche, aber nicht das Feuer, das sie selbst sind, das Feuer, das alles ist.

Wir hoffen, dass unsere Darstellung des Herakles-Mythos unseren Lesern eine Einladung sein möge, auch in anderen Überlieferungen aus der Jungsteinzeit (die später in unsere Literatur eingegangen sind wie z. B. das Gilgameschepos) die Symbolbilder des inneren Lebens zu erkennen, und sie als Ausdruck von Bewusstseinsbewegungen zu verstehen. Sie sind weder Geschichte noch Geographie, auch keine Allegorien; es sind weder kindliche Märchen noch königliche Opferhandlungen.

Es sind Botschaften von der menschlichen Seele, tiefer und tiefsinniger als das, was der heutige Mensch hervorbringt – mit seinem unterentwickelten Innenleben, seiner beschränkten Auffassung von Religion, seiner Überbewertung des rationalen, analytischen Denkens und der Manipulation der materiellen Welt.

Wenn wir in dieser Sage aus dem Altertum einen Sinn finden konnten, dann haben wir gleichzeitig etwas von dem Glanz der altgriechischen Religion und der Spiritualität unserer Vorfahren aus der Steinzeit entdeckt, etwas, was im Dunkel vor unserer historischen Epoche verloren zu gehen drohte. Doch war die vorgeschichtliche Zeit, von der wir immer mehr freilegen können, gewiss nicht so primitiv, wie wir bisher annahmen.

Wir könnten uns auch darüber wundern, wie alt die Yogawissenschaft schon ist, jene Bemühung, den Menschen zu spiritualisieren. Wie lange wird es dauern, bis heutige Forschung erkennt, dass die innere Schau des Menschen und seine spirituelle Erfahrung ihn Schritt für Schritt auf seinem Weg führten, ein Bild Gottes zu werden, schon lange bevor die so genannten großen Religionen den Heros abschafften und dem Menschen als Ersatz dafür die Erlösung boten. Aber, was ist denn nun ein Held, ein Heros? Sri Aurobindos Antwort lautet, dass die Selbst-Eroberung das oberste Prinzip seiner Natur ist; „… derjenige [ist ein Held], der den Hügel des Göttlichen Stufe um Stufe zu erklimmen sucht, nichts fürchtend, der von keiner Verzögerung oder Niederlage sich abschrecken lässt und vor keiner unermesslichen Weite zurückschreckt, weil sie sein Denkvermögen übersteigt, vor keiner Höhe, weil sie seinem Geist zu hoch ist, vor keiner Größe, weil sie für seine Kraft und seinen Mut zu groß ist."

Der Heros ist all das, was wir erwogen haben:
Der unerschrockene Krieger,
der unermüdliche Kämpfer für die Wahrheit,
der Beschützer der Witwen und Waisen,
der furchtlose Töter von Ungeheuern und Drachen.
Aber er ist noch viel mehr;
Er ist der Eroberer – aber nicht der Eroberer anderer,
nicht eines Gegenübers,
sondern der Eroberer seiner selbst.

Er ist derjenige,

der sein Bewusstsein

erobert hat.

Das Bild des Herakles am Sternenhimmel, sein Sternbild, zeigt nicht den gewaltigen Keulenschwinger, sondern einen knienden Menschen: ‚Der Kniende‘ wurde es im Altertum genannt.

Will es uns mitteilen, dass zur Grundhaltung eines Helden auch Demut gehört?

Oder will es uns daran erinnern, dass wir unseren Weg als Bettler betreten?

In Wirklichkeit sind wir aber Königssöhne, Prinzen, dazu da, unser inneres Königreich zu erobern.

Um es zu gewinnen, müssen wir uns von unseren tierischen Atavismen reinigen, unsere abergläubischen Ängste und Vorurteile bekämpfen, und es schließlich wagen, uns auf den ‚Thron‘ zu setzen, der uns von unserem Ursprung her schon bestimmt ist.

Wenn wir erst einmal dem in unseren Zellen eingeschriebenen Programm getreulich gefolgt sind, einem Programm, das auch in den Bildern der Sterne, die unseren Planeten umgeben, geschrieben steht, dann werden wir uns selbst erkennen. Und in einem Universum, in dem wir nichts als unsere selbstauferlegte Kleinheit zu fürchten haben, werden wir göttlich werden, ein unsterbliches Wesen, das sich des Einsseins mit allem Seienden bewusst ist.

So lautet das Evangelium des Herakles.

Steinzeit-Weisheit
in Märchen

Steinzeit-Weisheit
in Märchen

In der heutigen Welt ist *Einheit des Seins* oder *Einssein* zu einer Abstraktion geworden. Alles wird in Sektoren eingeteilt und analysiert, und wir können feststellen, dass – trotz der vielen Erklärungen der Wissenschaft – das zu Grunde liegende Prinzip, das allem Gemeinsame, der Ursprung und die Bedeutung des Ganzen immer noch dunkel und geheimnisvoll geblieben sind.

So überrascht es kaum, dass die alten Erzählungen nördlicher Weisheit, welche Botschaften seelischer Erfahrungen, Botschaften des Einsseins enthalten, meist nicht mehr als solche erkannt, sondern nur noch als phantasievolle, spannende Märchen für unsere Kinder gesehen werden.

Wir sind zahllosen Generationen von Geschichtenerzählern zu Dank verpflichtet für ihre getreue mündliche Weitergabe der alten Erzählungen, welche erst viele Jahrhunderte später von z. B. Charles Perrault in Frankreich oder den Brüdern Grimm in Deutschland gesammelt und aufgeschrieben wurden.

Ehrfurchtsvoll durch die Zeiten weitergereicht, sorgfältig in Symbolen formuliert, die Jahrhunderte misstrauischer Prüfung durch eine feindselige ‚Inquisition' überlebt haben, sind die alten Erzählungen immer noch voll verborgener Bedeutung und eine Quelle ewiger Erkenntnis für alle, die bereit und willens sind, sie aufzunehmen. Diesen bereiten sie das Entzücken, dass sich mit ihnen die alten Symbolbilder und Wahrheitsbotschaften unserer steinzeitlichen Vorfahren wieder entdecken lassen, das älteste erhaltene Zeugnis für die seelische Größe von Menschen, die von späteren ‚aufgeklärten' Generationen in oberflächlicher Verkennung als unwissende Wilde gebrandmarkt wurden.

Die Wahrheiten in diesen Geschichten erscheinen in einer Symbolsprache, verschleiert: Die allmächtigen Mütter – die das Leben hervorbringenden Kräfte des Universums – sind jetzt Feen, die mächtigen Gott-Könige – Odin, Wotan, Rudra, Saturn und dergleichen – werden als sterbliche Könige dargestellt. Die Seelenkräfte des Menschen suchen sich zu entfalten und frei auszudrücken in all den Figuren und Elementen der Erzählungen, vor allem in der Gestalt des Prinzen auf der Suche nach der für ihn bestimmten Prinzessin. Sie zu finden und sich mit ihr zu verbinden, ist die notwendige Bedingung für seine Erfüllung, sein Königtum. Die Prinzessin verkörpert das psychische Wesen. Die seelische Transformationsarbeit ist der Zauberschlüssel für die Herrschaft über das innere Königreich.

Der Schauplatz ist vorbereitet:

Die großen Gletscher weichen gen Norden zurück, und einige Generationen von Steinzeitmenschen – indem sie ihre ‚Kathedralen-Höhlen' in Lascaux, Altamira und anderswo ausmalen – geben ihrer Verehrung der Unsterblichkeit Ausdruck. Der Mensch strebt danach, ewige Wahrheiten in verschiedenartigen Bildern und Formen auszudrücken. Die uralten Weisheitserzählungen werden geboren.

Dornröschen
ein Märchen der Brüder Grimm

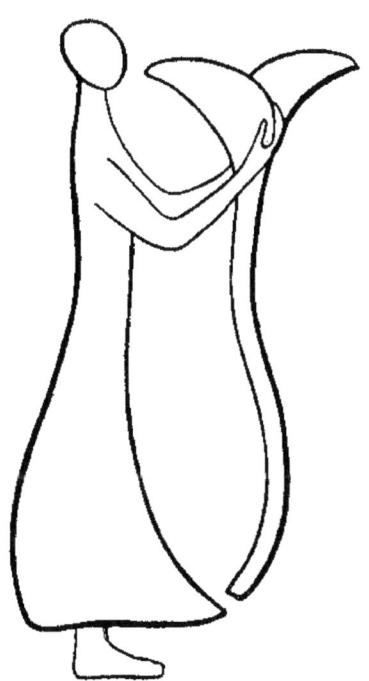

Einleitung

Dornröschen ist eine wohlbekannte Märchenerzählung. Obwohl sie als Fantasiegeschichte für Kinder gilt, hat sie doch eine viel tiefere Bedeutung, denn all die Charaktere und Ereignisse sind von symbolischer Art und offenbaren zusammen eine tiefe Kenntnis des Weltganzen und des Menschen selbst. Die Geschichte „Dornröschen" zeigt – in verschleierter Weise – die große Wahrheit des Zyklus von Erschaffung, Auflösung (Tod) und Wiederauferstehung; sie ist ein kosmologischer Mythos, viel älter als die Auferstehungsgeschichte des Neuen Testaments.

Doch gleichzeitig ist sie auch eine Parabel für die individuelle Seele des Menschen, gemäß der okkulten Weisheit, die sagt:

Innen = Außen, oder Mikrokosmos = Makrokosmos.

Dornröschen

Vor Zeiten waren ein König und eine Königin,

Zeit

Das Märchen spielt „vor Zeiten", also außerhalb der gewöhnlichen Zeit.

König und Königin

Der König und die Königin verkörpern ‚Vater' und ‚Mutter' des Kosmos, Gott und Natur, Geist und Materie, das Yin und Yang, das männliche und weibliche Prinzip der großen Anfänge. Wir könnten sie als den zweifachen Ausdruck des Einen, als die polaren Kräfte der Manifestation und des Spiels betrachten.

die sprachen jeden Tag: „Ach, wenn wir doch ein Kind hätten!", und kriegten immer keines. Da trug sich zu, als die Königin einmal im Bade saß, dass ein Frosch aus dem Wasser ans Land kroch und zu ihr sprach: „Dein Wunsch wird erfüllt werden; ehe ein Jahr vergeht, wirst du eine Tochter zur Welt bringen."

ein Frosch

Nicht zufällig ist es ein Frosch, der die neue Schöpfung verkündet, denn er ist das Steinzeit-Symbol der Mutterschaft. Mit seiner dem Uterus, dem mütterlichen Organ ähnelnden Form galt der Frosch als das erste aus den Wassern des Lebens aufgetauchte Geschöpf und wurde daher auch als die erstgeborene Göttin, das ewig Weibliche, verehrt.

Was der Frosch gesagt hatte, das geschah, und die Königin gebar ein Mädchen, das war so schön, dass der König vor Freude sich nicht zu fassen wusste und ein großes Fest anstellte. Er ladete nicht bloß seine Verwandten, Freunde und Bekannten,

ein Mädchen

Dem König und der Königin wird eine Tochter geboren: Leben auf Erden.
Verwandte, Freunde und Bekannte stehen für verschiedene kosmische Kräfte.

sondern auch die weisen Frauen dazu ein, damit sie dem Kind hold und gewogen wären. Es waren ihrer dreizehn in seinem Reiche, weil er aber nur zwölf goldene Teller hatte, von welchen sie essen sollten, so musste eine von ihnen daheim bleiben. Das Fest ward mit aller Pracht gefeiert, und als es zu Ende war, beschenkten die weisen Frauen das Kind mit ihren Wundergaben: die eine mit Tugend, die andere mit Schönheit, die dritte mit Reichtum, und so mit allem, was auf der Welt zu wünschen ist.

die weisen Frauen

Der König lädt auch die zwölf weisen Frauen ein – die zwölf schöpferischen Kräfte des Universums, die zwölf Aspekte der Mutter-Gottheit, die sich im Spiel auf Erden manifestieren. Diese Kräfte sind auf verschiedene Weise benannt worden: Die Erzählung nennt Tugend, Schönheit und Reichtum. Wir können aber ruhig Weisheit, Stärke, Harmonie und Seligkeit, Wahrheit, Gnade, Vollkommenheit und Licht beifügen. Sie entsprechen den 12 Söhnen der Aditi, denen wir in den

Brahmanas begegnen, den 12 Sitzen der Götter in der Edda,
den 12 Walküren, den 12 Nornen, den 12 Monaten des Jahres.

Als elfe ihre Sprüche eben getan hatten, trat plötzlich die dreizehnte herein. Sie wollte sich dafür rächen, dass sie nicht eingeladen war, und ohne jemand zu grüßen oder nur anzusehen, rief sie mit lauter Stimme: „Die Königstochter soll sich in ihrem fünfzehnten Jahr an einer Spindel stechen und tot hinfallen." Und ohne ein Wort weiter zu sprechen, kehrte sie sich um und verließ den Saal.

die dreizehnte Frau

Die dreizehnte Frau, die nicht zu Gast geladen war, ist der Tod,
das Element der Zerstörung, das in das Erdenspiel eingreift.

ihr fünfzehnter Geburtstag

Bedeutsam ist, dass die Prinzessin an ihrem 15. Geburtstag
sterben sollte, denn auf diese Weise bleiben ihr Erwachsen-
werden, Heirat und Mutterschaft versagt, also die drei Erfül-
lungen des Frauseins. Das Leben wird vorzeitig beendet, bevor
sich sein tieferer Sinn verwirklichen kann.

Alle waren erschrocken, da trat die zwölfte hervor, die ihren Wunsch noch übrig hatte, und weil sie den bösen Spruch nicht aufheben, sondern nur ihn mildern konnte, so sagte sie: „es soll aber kein Tod sein, sondern ein hundertjähriger tiefer Schlaf, in welchen die Königstochter fällt." Der König, der sein liebes Kind vor dem Unglück gern bewahren wollte, ließ den Befehl ausgehen, dass alle Spindeln im ganzen Königreiche sollten verbrannt werden.

nur in einen hundertjährigen Schlaf fallen

Die zwölfte Fee verkörpert Auferstehung und Wiedergeburt. Nun wird der Todesschlaf zeitlich begrenzt sein, und es wird am Ende ein Wiedererwachen geben. Der Unheilsspruch kann nicht völlig aufgehoben, ihm aber seine Endgültigkeit genommen werden. So wird der Tod seines endgültigen Sieges beraubt und der Triumph des Lebens, seine Unsterblichkeit gesichert sein. Wie ein Edelstein mit vielen Facetten spiegelt ein Mythos viele Wirklichkeiten wider: Wirklichkeiten des Kosmos, aber auch des Mikrokosmos, des Menschen selbst. Und so sehen wir nun die Geschichte von Winter und Frühling auf der Erde sich vor uns abspielen, doch werden wir auch mit psychologischen Wahrheiten konfrontiert, die zur menschlichen Existenz gehören, die unabhängig von seinem Denken über Ursache und Wirkung sind – Wahrheiten, die nach eigenen Gesetzen zum Tragen kommen, Wahrheiten der inneren Welt.

An dem Mädchen aber wurden die Gaben der weisen Frauen sämtlich erfüllt, denn es war so schön, sittsam, freundlich und verständig, dass es jedermann, der es ansah, lieb haben musste.

Es geschah, dass an dem Tage, wo es gerade fünfzehn Jahr alt ward, der König und die Königin nicht zu Haus waren und das Mädchen ganz allein im Schloss zurückblieb. Da ging es allerorten herum, besah Stuben und Kammern, wie es Lust hatte, und kam endlich auch an einen alten Turm. Es stieg die enge Wendeltreppe hinauf und gelangte zu einer kleinen Türe. In dem Schloss steckte ein Schlüssel, und als es umdrehte, sprang die Türe auf,

ganz allein

Die Prinzessin ist ganz allein. Das heißt, die schützenden Mächte des seelischen Bereichs des Menschen sind nicht da.

Der alte Turm, die Wendeltreppe, die enge Tür, das Schloss und der Schlüssel sind allesamt häufige Traumsymbole für jemanden, der sein inneres Wesen erkundet.

und saß da in einem kleinen Stübchen eine alte Frau mit einer Spindel und spann emsig ihren Flachs. „Guten Tag, du altes Mütterchen", sprach die Königstochter.

„Was machst du da?"

„Ich spinne", sagte die Alte und nickte mit dem Kopf.

eine alte Frau

Die Alte am Spinnrad symbolisiert das Schicksal. Sie ist Klotho, die Spinnerin, eine der Parzen [im nordgermanischen Bereich Nornen]; Ananke [Notwendigkeit, Schicksal], die verschleierte Mutter des Unbekannten. Hier stößt Dornröschen auf ihre eigene Bestimmung und die physischen Grenzen ihres Wesens, gesetzt von einer unerbittlichen Macht, die selbst die Götter fürchten.

„Was ist das für ein Ding, das so lustig herumspringt?" sprach das Mädchen, nahm die Spindel und wollte auch spinnen. Kaum hatte sie aber die Spindel angerührt, so ging der Zauberspruch in Erfüllung, und sie stach sich damit in den Finger.

die Spindel

Die Spindel ist das Rad des Lebens, das sich dreht und auf dem der Faden dieses und künftiger Leben erschaffen wird, ununterbrochen und ohne Ende

In dem Augenblick aber, wo sie den Stich empfand, fiel sie auf das Bett nieder, das da stand, und lag in einem tiefen Schlaf. Und dieser Schlaf verbreitete sich über das ganze Schloss: der König

und die Königin, die eben heimgekommen waren und in den Saal
getreten waren, fingen an einzuschlafen, und der ganze Hofstaat
mit ihnen. Da schliefen auch die Pferde im Stall, die Hunde im
Hofe, die Tauben auf dem Dache, die Fliegen an der Wand, ja,
das Feuer, das auf dem Herd flackerte, ward still und schlief ein,
und der Braten hörte auf zu brutzeln, und der Koch, der den
Küchenjungen, weil er etwas versehen hatte, in den Haaren ziehen wollte, ließ ihn los und schlief. Und der Wind legte sich, und
auf den Bäumen vor dem Schloss regte sich kein Blättchen mehr.

das ganze Schloss

*Der Schlaf breitet sich im ganzen Schloss aus, die Erde fällt
in ihren Winterschlaf. Auch der Leib des Menschen, die Woh-
nung seiner Seele, schläft. Die Diener und Mägde und die
Tiere sind Aspekte des Körpers, die von innen her, von der
Traumrealität aus gesehen, als separate Wesen und Tätigkeiten
erscheinen. Auch sie müssen in einen Schlaf sinken, denn im
Tode wird selbst der Traumkörper, dessen Lebensprinzip jetzt
schlummert, inaktiv.*

Rings um das Schloss aber begann eine Dornenhecke zu wachsen,
die jedes Jahr höher ward und endlich das ganze Schloss umzog
und darüber hinauswuchs, dass gar nichts mehr davon zu sehen
war, selbst nicht die Fahne auf dem Dach. Es ging aber die Sage
in dem Land von dem schönen schlafenden Dornröschen, denn
so ward die Königstochter genannt, also dass von Zeit zu Zeit
Königssöhne kamen und durch die Hecke in das Schloss dringen wollten. Es war ihnen aber nicht möglich, denn die Dornen,
als hätten sie Hände, hielten fest zusammen, und die Jünglinge
blieben darin hängen, konnten sich nicht wieder losmachen und
starben eines jämmerlichen Todes.

eine dicke Dornenhecke

Nur auf der rein vegetativen Ebene, in der Dornenhecke rings um das Schloss, geht das Leben noch weiter: ein Schutzwall rings um unsere innersten Geheimnisse. Dornröschen schläft. Die Rose ist ein Symbol für die menschliche Seele, die Blume des Menschen, und muss gefunden und geweckt werden, wenn wir uns unserer wahren Realität mit all ihren Möglichkeiten bewusst werden und ein ewiges Leben leben wollen. Die Seelen der meisten Menschen sind schlafende Prinzessinnen, die sich weder ihrer selbst als Seelen noch des Märchenlandes um sie herum – ihrer Seelenwelt – bewusst sind. Eine lange Entwicklung über viele Jahre oder vielleicht sogar viele Leben ist nötig, bevor sie erwachen.

Nach langen, langen Jahren kam wieder einmal ein Königssohn in das Land

Königssohn

Ein Königssohn zu sein heißt, zum König, zum Herrscher über das Königreich, das im Menschen liegt, vorbestimmt zu sein: zum Eingeweihten, zum Yogi, zum Weisen.

und hörte, wie ein alter Mann von der Dornenhecke erzählte, es sollte ein Schloss dahinter stehen, in welchem eine wunderschöne Königstochter, Dornröschen genannt, schon seit hundert Jahren schliefe, und mit ihr schliefe der König und die Königin und der ganze Hofstaat. Er wusste auch von seinem Großvater, dass schon viele Königssöhne gekommen wären und versucht hätten, durch die Dornenhecke zu dringen, aber sie wären darin hängen geblieben und eines traurigen Todes gestorben.

ein alter Mann

Der alte Mann, der Guru, erscheint und erzählt, wie sich die inneren Schutzblockaden trotz aller furchterregenden Hindernisse in der Meditation überwinden lassen. Zur Erziehung eines Königssohnes gehört die Erkundung und Besiegung des Todes.

Da sprach der Jüngling: „Ich fürchte mich nicht, ich will hinaus und das schöne Dornröschen sehen."

Ich fürchte mich nicht!

Nur wer keine Furcht kennt, kann Herr des Königreiches werden, das Unterbewusste erobern und es ins Bewusstsein wach küssen.

Nun waren aber gerade die hundert Jahre verflossen, und der Tag war gekommen, wo Dornröschen wieder erwachen sollte. Als der Königssohn sich der Dornenhecke näherte, waren es lauter große schöne Blumen, die taten sich von selbst auseinander und ließen ihn unbeschädigt hindurch, und hinter ihm taten sie sich wieder als eine Hecke zusammen. Im Schlosshof sah er die Pferde und scheckigen Jagdhunde liegen und schlafen, auf dem Dache saßen die Tauben und hatten das Köpfchen unter den Flügel gesteckt. Und als er ins Haus kam, schliefen die Fliegen an der Wand, der Koch in der Küche hielt noch die Hand, als wollte er den Jungen anpacken, und die Magd saß vor dem schwarzen Huhn, das sollte gerupft werden.

der letzte Tag der hundert Jahre war gekommen

Vielleicht war es das Ende der Eiszeit oder einfach die Wiederkehr des Frühlings, die zur Urfassung der Geschichte anregten.

Ist erst einmal die nötige Zeit verflossen und hat der Mensch ausgehalten und sich genügend vorbereitet, dann weichen nicht nur die Dornen des Unterbewussten zurück, sondern sie verwandeln sich in schöne große Blumen. Die lange Vorbereitungszeit ist vorüber. Die Zeit, die als Feind erschienen war, wird nun zum Freund und Helfer. Es ist der letzte Tag der hundert Jahre. Die niedere Natur ist überwunden, das Bewusstsein befreit; der Yogi erblüht zu psychologischer Vollkommenheit.

Da ging er weiter und sah im Saale den ganzen Hofstaat liegen und schlafen, und oben bei dem Throne lagen der König und die Königin.

Königin und König

In unserem psychologischen Gleichnis stehen hier Königin und König für die höheren Fähigkeiten des Menschen: sein Herz und seine mentalen Fähigkeiten bzw. seine Gefühle und seine Vernunft.

Da ging er noch weiter, und alles war so still, dass einer seinen Atem hören konnte, und endlich kam er zu dem Turm und öffnete die Türe zu der kleinen Stube, in welcher Dornröschen schlief. Da lag es und war so schön, dass er die Augen nicht abwenden konnte, und er bückte sich und gab ihm einen Kuss. Wie er es mit dem Kuss berührt hatte, schlug Dornröschen die Augen auf, erwachte und blickte ihn ganz freundlich an.

und gab ihm einen Kuss

Es kommt zum Kuss, und der Fluch ist aufgehoben, als Dornröschen erwacht. Nach germanischem Stammesrecht steht der Kuss für die Heirat, als „initium consumationis nuptiarum".

Eine andere mythische Bedeutung des Kusses ist seine Kraft, das volle Bewusstsein und selbst die Erinnerung an frühere Leben hervorzurufen. Der Kuss einer Gottheit verleiht – gemäß alter Tradition – Unsterblichkeit, und somit überwindet der Kuss in dieser Geschichte die Endgültigkeit des Todes und bringt Wiedergeburt.

Da gingen sie zusammen herab, und der König erwachte und die Königin und der ganze Hofstaat und sahen einander mit großen Augen an.

mit großen Augen

Mit Dornröschen erwachen all die anderen: die Höflinge – die Götter der halbbewussten Welt –, die Diener und Tiere der Traumwelt. Doch ist es hier das Erwachen zu einem neuen Leben, denn alle blicken sich mit großen Augen erstaunt an, mit den Augen des neugeborenen Kindes. Tiefgreifende Veränderungen haben im Wesen stattgefunden, das Bewusste und das Überbewusste haben sich in aufsteigender Bewegung vereinigt, und die Welt wird in einem neuen Licht gesehen, aus einer neuen Haltung heraus. Das Wesen ist nicht mehr in der Gewalt des Unbewussten, und zuvor schlafende Anteile der Persönlichkeit sind zu voller Aktivität erwacht.

Und die Pferde im Hof standen auf und rüttelten sich; die Jagdhunde sprangen und wedelten; die Tauben auf dem Dache zogen das Köpfchen unterm Flügel hervor, sahen umher und flogen ins Feld; die Fliegen an den Wänden krochen weiter; das Feuer in der Küche erhob sich, flackerte und kochte das Essen; der Braten fing wieder an zu brutzeln; und der Koch gab dem Jungen eine Ohrfeige, dass er schrie; und die Magd rupfte das Huhn fertig.

die Pferde

Pferde waren unseren altsteinzeitlichen Vorfahren Symbole der Lebensenergie, der Geschwindigkeit, und in den Upani-schaden stehen sie für das Atmen selbst.

Und da wurde die Hochzeit des Königssohns mit dem Dornrös-chen in aller Pracht gefeiert, und sie lebten vergnügt bis an ihr Ende.

die Hochzeit

Das Märchen endet mit der bewussten Vereinigung, der „unio mystica", all der vielen Anteile der menschlichen Persön-lichkeit, von ihrer Gründung im Unbewussten bis zu ihren leuchtenden Gipfeln des Seins, des Bewusstseins und der Glückseligkeit. Nur diese Einheit kann dem Menschen und seiner Seele jenes Glück und die Zufriedenheit bringen, die im Märchen erwähnt werden. Das Leben hat sich erfüllt. Eine bewusste Seele ist aus ihrem langen Schlaf erwacht.

Nicht die Oberfläche,

sondern das Wesen der Dinge

ist Gegenstand des Märchens.

> „Nach Innen geht der geheimnisvolle Weg.
>
> In uns, oder nirgends
>
> ist die Ewigkeit
>
> mit ihren Welten,
>
> die Vergangenheit und Zukunft."
>
> Novalis

Der Eisenhans
ein Märchen der Brüder Grimm

Einleitung

Das Kind (so wie auch der Mystiker und der Yogi) funktioniert nicht auf derselben Bewusstseinsebene wie der Erwachsene. Deshalb fühlt sich das Kind von Märchen angezogen, der Erwachsene aber hält sie meist für albernen Unsinn, weil er in seiner mental-rationalen Erwachsenenwelt den Schlüssel zu ihrer tieferen Bedeutung verloren hat; er ist mit den widerstreitenden Kräften eines seelenlosen Äußeren konfrontiert, während das Kind noch im eigenen Inneren oder doch zumindest von innen nach außen lebt.

Während der eine Mensch an der Oberfläche der Dinge lebt, ist der andere in die Wirklichkeiten der eigenen Seelenwelt eingetaucht. Dieser versucht die Wärme und Intimität des Inneren nach außen zu tragen und so in einer beseelten Welt zu leben; jener überträgt den eisigen Hauch und die Entfremdung durch die Oberfläche der Dinge in sein Innenleben, und wird so entweder gefühllos oder unempfänglich für das, was sich darin ereignet, oder er zieht sich in schizophrener Weise von den Realitäten der Außenwelt in eine abgesonderte innere Welt zurück.

Für diejenigen, die den Schlüssel besitzen und daher in das Königreich eintreten können, sind die Märchen genaue Beschreibungen der inneren Wirklichkeiten, ohne die die äußeren keine Bedeutung haben. Für jene, die den Schlüssel verloren haben, werden Märchen zum kindischen Spiel der Fantasie.

Meister Eckehart sagt: „Wenn die Kräfte der Seele mit der Kreatur in Berührung kommen, nehmen und schöpfen sie Bilder und Gleichnisse von der Kreatur und ziehen sie in sich. Auf diese Weise entsteht ihre Kenntnis von der Kreatur."

Die Sprache der Symbole im Märchen unterscheidet sich von jener der mathematischen Symbole oder der philosophischen Begriffe.

Ein Märchensymbol lässt sich auf verschiedenen Bewusstseinsebenen interpretieren. Die Meister der Mystik versichern uns, dass ein Symbol auf diese Weise sieben verschiedene Bedeutungen annehmen kann, und erst, wenn wir bei der letzten angekommen sind, können wir uns selbst mit Hilfe dieses Symbols verstehen und erkennen.

Eisen ist das Hauptmetall, die rote Farbe der Erde. Adam, der irdene Mensch, muss in Gold verwandelt werden. Die Geschichte dieser Transformation ist die Geschichte vom „Eisenhans".

Wer ist

der Eisenhans?

Du selbst.

Der Eisenhans

E s war einmal ein König,

König

Wer ist der König in all den Märchen? Wer sonst als du selbst? Deine Intelligenz, eine begrenzte Ebene deines mentalen Wesens, dein Verstand, mit dem du dich identifizierst und sagst: ‚Das bin ich.' Und weil dir bisher noch niemand widersprochen hat, glaubst du natürlich, dass dieses kleine „Ich" an der Oberfläche Herrscher über das Königreich ist.

der hatte einen großen Wald bei seinem Schloss; darin lief Wild aller Art herum.

Schloss

In deinem Königreich steht ein Schloss, dein Körper, in dem du Zuflucht vor all den Gefahren und Schreckensgestalten des großen Waldes hinter dem Schloss suchst.

Zu einer Zeit schickte er einen Jäger hinaus, der sollte ein Reh schießen, aber er kam nicht wieder. „Vielleicht ist ihm ein Unglück zugestoßen", sagte der König und schickte den folgenden Tag zwei andere Jäger hinaus, die sollten ihn aufsuchen; aber die blieben auch weg. Da ließ er am dritten Tag alle seine Jäger kommen und sprach: „Streift durch den ganzen Wald und lasst nicht ab, bis ihr sie alle drei gefunden habt!" Aber auch von diesen kam keiner wieder heim, und von der Meute Hunde, die sie mitgenommen hatten, ließ sich keiner wieder sehen. Von der Zeit an wollte sich niemand mehr in den Wald wagen, und er lag da in tiefer Stille und Einsamkeit, und man sah nur zuweilen einen Adler oder Habicht darüber hinwegfliegen.

Wald

Der Wald ist eine geheimnisvolle dunkle Innenwelt, voller Tiere, die du wild nennst, da sie dir nicht gehorchen, dir, der du doch König bist.

Das dauerte viele Jahre; da meldete sich ein fremder Jäger bei dem König, suchte eine Versorgung und erbot sich, in den gefährlichen Wald zu gehen. Der König aber wollte seine Einwilligung nicht geben und sprach: „Es ist nicht geheuer darin, ich fürchte, es geht dir nicht besser als den andern, und du kommst nicht wieder heraus." Der Jäger antwortete: „Herr, ich will's auf meine Gefahr wagen; von Furcht weiß ich nichts."

Jäger

Wie auch immer, du schickst Jäger in diesen Wald, Nachforschungen, suchende Gedanken, damit sie jagen und die Schätze des Waldes zurückbringen, die dir, dem König, gehören. Doch die Erkundigungen versanden, die Mühen, den Wald zu erforschen, bleiben fruchtlos, bis schließlich ein fremder Jägersmann von weit draußen kommt – eine fremde Idee, ein Buch über eine neue ‚Methode des Jagens', ein erleuchtender Gedanke, eine Eingebung und – aha – da ist er plötzlich, der tiefe Teich.

Der Jäger begab sich also mit seinem Hund in den Wald. Es dauerte nicht lange, so geriet der Hund einem Wild auf die Fährte und wollte hinter ihm her; kaum aber war er ein paar Schritte gelaufen, so stand er vor einem tiefen Teich, konnte nicht weiter, und ein nackter Arm streckte sich aus dem Wasser, packte ihn und zog ihn hinab. Als der Jäger das sah, ging er zurück und holte drei Männer, die mussten mit Eimern kommen und das Wasser ausschöpfen.

tiefer Teich

Dein Unterbewusstsein, das seine Anwesenheit dadurch verrät, dass es mit ,bloßem Arm' deinen treuen Hund (ein altes Vorurteil vielleicht) packt.
Darauf folgt eine ermüdende „psychoanalytische Sitzung" (!), bei der der Inhalt des Unterbewussten ausgeschöpft wird. Und plötzlich ist der wilde Mann höchstpersönlich da.

Als sie auf den Grund sehen konnten, so lag da ein wilder Mann, der braun am Leib war wie rostiges Eisen und dem die Haare über das Gesicht bis zu den Knien herabhingen.

der wilde Mann

Der Mann mit der Keule auf den heraldischen Wappenschildern unserer Vorfahren ist der alte Adam, der Eisenhans, der in Gold verwandelt werden muss.

Sie banden ihn mit Stricken und führten ihn fort in das Schloss. Da war große Verwunderung über den wilden Mann; der König aber ließ ihn in einen eisernen Käfig auf seinen Hof setzen und verbot bei Lebensstrafe, die Türe des Käfigs zu öffnen.

Käfig

Der Verstand des Königs schließt ihn in einen Käfig: Regeln, Verordnungen, Moralvorstellungen, Sitten, Erziehung, Zivilisation – all die Beschränkungen, die diesem ungezähmten Teil unserer selbst auferlegt werden – doch offensichtlich sind eiserne Gitterstäbe und Gefängnisse keine Dauerlösung.

und die Königin musste den Schlüssel selbst in Verwahrung nehmen. Von nun an konnte ein jeder wieder mit Sicherheit in den Wald gehen.

die Königin, der Schlüssel

Die Königin spielt keine große Rolle in unserer Geschichte, doch zur Zeit ist sie im Besitz des Schlüssels.
Wenn der König für unser mentales Wesen steht, dann die Königin für unsere vitalen Kräfte, unser Leben, unsere Natur, Mitherrscherin in unserem Königreich, unsere weniger intellektuelle, weniger verstandesmäßige und logische Seite. Vielleicht war es nicht klug, ihr den Schlüssel zu überlassen. Und nun kommt eine neue Person ins Spiel.

Der König hatte einen Sohn von acht Jahren, der spielte einmal auf dem Hof, und bei dem Spiel fiel ihm sein goldener Ball in den Käfig.

das Kind in uns

Das Kind sind wir, ein großer Schritt vorwärts geschieht in unserem Umwandlungsprozess. Der Verstand, jener Schein-König tritt zurück, und das ewige Kind, das wir sind, übernimmt die Führung. Es spielt mit seinem wunderschönen goldenen Ball, Symbol des Bewusstseins.

Der Knabe lief hin und sprach: „Gib mir meinen Ball heraus!"
„Nicht eher", antwortete der Mann, „als bis du mir die Türe auf-
gemacht hast." „Nein", sagte der Knabe, „das tue ich nicht, das hat
mein Vater, der König, verboten", und lief fort.

goldener Ball

*Das Bewusstsein ist ein unendliches Spiel, und natürlich,
wenn du deinen eigenen Ball, deine Selbst-Identifikation,
höher und immer höher wirfst, wird er auch tiefer und tiefer
fallen, und der unterste, tiefste Ort in dir ist der eiserne Käfig
des Eisenhans', dein Unterbewusstes.*

Am andern Tag kam er wieder und forderte seinen Ball. Der wilde
Mann sagte: „Öffne meine Türe!" Aber der Knabe wollte nicht.
Am dritten Tag war der König auf Jagd geritten, da kam der Knabe
nochmals und sagte: „Wenn ich auch wollte, ich kann die Türe
nicht öffnen, ich habe den Schlüssel nicht." Da sprach der wilde
Mann: „Er liegt unter dem Kopfkissen deiner Mutter, da kannst
du ihn holen." Der Knabe, der seinen Ball wieder haben wollte,
schlug alles Bedenken in den Wind und brachte den Schlüssel
herbei.

Kissen

*Wenn der König ‚auf der Jagd', also das mentale Wesen
beschäftigt ist, und die Königin schläft, dann liegt der Schlüssel zu deiner Persönlichkeit „unter ihrem Kopfkissen", dort,
wo die Königin träumt. Jetzt verschiebt sich das Zentrum deiner Persönlichkeit vom Schein-König und der Traum-Königin
zum ewigen Kind in dir und zu der wahren Kraftquelle: dem
Wilden Mann.*

Die Türe ging schwer auf, und der Knabe klemmte sich den Finger. Als sie offen war, trat der wilde Mann heraus, gab ihm den goldenen Ball und eilte hinweg. Dem Knaben war angst geworden, er schrie und rief ihm nach: „Ach, wilder Mann, geh nicht fort, sonst bekomme ich Schläge." Der wilde Mann kehrte um, hob ihn auf, setzte ihn auf seinen Nacken und ging mit schnellen Schritten in den Wald hinein. Als der König heimkam, bemerkte er den leeren Käfig und fragte die Königin, wie das zugegangen wäre. Sie wusste nichts davon, suchte den Schlüssel, aber er war weg. Sie rief den Knaben, aber niemand antwortete. Der König schickte Leute aus, die ihn auf dem Felde suchen sollten, aber sie fanden ihn nicht. Da konnte er leicht erraten, was geschehen war, und es herrschte große Trauer an dem königlichen Hof. Als der wilde Mann wieder in dem finstern Wald angelangt war, so setzte er den Knaben von den Schultern herab und sprach zu ihm: „Vater und Mutter siehst du nicht wieder, aber ich will dich bei mir behalten, denn du hast mich befreit, und ich habe Mitleid mit dir. Wenn du alles tust, was ich dir sage, so sollst du's gut haben. Schätze und Gold habe ich genug und mehr als jemand in der Welt." Er machte dem Knaben ein Lager von Moos, auf dem er einschlief; und am andern Morgen führte ihn der Mann zu einem Brunnen und sprach: „Siehst du, der Goldbrunnen ist hell und klar wie Kristall,

goldenes Wasser klar wie Kristall

Wir finden hier wieder den Teich, allerdings ist er verwandelt: nicht länger dunkel und gefährlich, sondern golden und hell, ein Spiegel, klar wie Kristall.

du sollst dabeisitzen und Acht haben, dass nichts hineinfällt, sonst ist er verunehrt. Jeden Abend komme ich und sehe, ob du mein Gebot befolgt hast."

Meditation

Unsere Meditationsübung beginnt. Wir müssen Acht geben, dass nichts in unser Selbstgewahrsein hineinfällt, was es beunruhigen oder trüben könnte.

Der Knabe setzte sich an den Rand des Brunnens, sah, wie manchmal ein goldener Fisch, manchmal eine goldene Schlange sich darin zeigte, und hatte Acht, dass nichts hineinfiel. Als er so saß, schmerzte ihn einmal der Finger so heftig, dass er ihn unwillkürlich in das Wasser steckte. Er zog ihn schnell wieder heraus, sah aber, dass er ganz vergoldet war, und wie große Mühe er sich gab, das Gold wieder abzuwischen, es war alles vergeblich. Abends kam der Eisenhans zurück, sah den Knaben an und sprach: „Was ist mit dem Brunnen geschehen?" „Nichts, nichts", antwortete er und hielt den Finger auf den Rücken, dass er ihn nicht sehen sollte. Aber der Mann sagte: „Du hast den Finger in das Wasser getaucht. Diesmal mag's hingehen, aber hüte dich, dass du nicht wieder etwas hineinfallen lässt!"

Am frühesten Morgen saß er schon bei dem Brunnen und bewachte ihn. Der Finger tat ihm wieder weh, und er fuhr damit über seinen Kopf, da fiel unglücklicherweise ein Haar herab in den Brunnen. Er nahm es schnell heraus, aber es war schon ganz vergoldet. Der Eisenhans kam und wusste schon, was geschehen war. „Du hast ein Haar in den Brunnen fallen lassen", sagte er, „ich will dir's noch einmal nachsehen; aber wenn's zum drittenmal geschieht, so ist der Brunnen entehrt, und du kannst nicht länger bei mir bleiben."

Zwischenfälle beim Meditieren

Die Zwischenfälle beim Meditieren, die jetzt einsetzen, sind keineswegs Katastrophen, sondern die Folgen der Verwandlung, die ersten Früchte der Meditation.

Am dritten Tag saß der Knabe am Brunnen und bewegte den Finger nicht, wenn er ihm auch noch so weh tat. Aber die Zeit ward ihm lang, und er betrachtete sein Angesicht, das auf dem Wasserspiegel stand. Und als er sich dabei immer mehr beugte und sich recht in die Augen sehen wollte, so fielen ihm seine langen Haare von den Schultern herab in das Wasser. Er richtete sich schnell in die Höhe, aber das ganze Haupthaar war schon vergoldet und glänzte wie eine Sonne. Ihr könnt euch denken, wie der arme Knabe erschrak. Er nahm sein Taschentuch und band es um den Kopf, damit es der Mann nicht sehen sollte. Als er kam, wusste er schon alles und sprach: „Binde das Tuch auf!" Da quollen die goldenen Haare hervor, und der Knabe mochte sich entschuldigen wie er wollte, es half ihm nichts.

„Du hast die Probe nicht bestanden und kannst nicht länger hier bleiben. Geh hinaus in die Welt, da wirst du erfahren, wie die Armut tut. Aber weil du kein böses Herz hast und ich's mit dir gut meine, so will ich dir eins erlauben. Wenn du in Not gerätst, so geh zu dem Wald und rufe: ‚Eisenhans!', dann will ich kommen und dir helfen. Meine Macht ist groß, größer als du denkst, und Gold und Silber habe ich im Überfluss."

Da verließ der Königssohn den Wald und ging über gebahnte und ungebahnte Wege immerzu, bis er zuletzt in eine große Stadt kam. Er suchte da Arbeit,

ständige Transformation im Yoga der Arbeit.

Wir müssen fortfahren, und die Meditation bedarf der Festigung durch das Begehen vieler gebahnter und ungebahnter Pfade; dies erweitert und intensiviert unsere Selbstwahrnehmung und lässt die Innen- und Außenwelt eins werden.

aber er konnte keine finden und er hatte auch nichts erlernt, womit er sich hätte forthelfen können. Endlich ging er in das Schloss und fragte, ob sie ihn behalten wollten. Die Hofleute wussten nicht, wozu sie ihn brauchen sollten, aber sie hatten Wohlgefallen an ihm und hießen ihn bleiben. Zuletzt nahm ihn der Koch in Dienst und sagte, er könnte Holz und Wasser tragen und die Asche zusammenkehren.

Diener des Feuers

Der junge Adept wird zum Diener, und seine Aufgabe ist es, dem „Feuer" zu dienen: ein transparentes Bild für das seelische Feuer, das er hüten, nähren und von der Asche befreien muss.

Einmal, als gerade kein anderer zur Hand war, hieß ihn der Koch die Speisen zur königlichen Tafel tragen, da er aber seine goldenen Haare nicht wollte sehen lassen, so behielt er sein Hütchen auf. Dem König war so etwas noch nicht vorgekommen, und er sprach: „Wenn du zur königlichen Tafel kommst, musst du deinen Hut abziehen!" „Ach Herr", antwortete er, „ich kann nicht, ich habe einen bösen Grind auf dem Kopf."

Da ließ der König den Koch herbeirufen, schalt ihn und fragte, wie er einen solchen Jungen hätte in seinen Dienst nehmen können; er sollte ihn gleich fortjagen. Der Koch aber hatte Mitleiden mit ihm und vertauschte ihn mit dem Gärtnerjungen.

der Gärtnerjunge

Während seiner zweiten Probezeit, als Gärtner im Dienste des Lebens auf der Erde, lernt er sich mit Pflanzen zu identifizieren und macht die Erfahrung, dass die seltensten oder größten nicht immer auch die wertvollsten sind.

Nun musste der Junge im Garten pflanzen und begießen, hacken und graben und Wind und böses Wetter über sich ergehen lassen.

Einmal im Sommer, als er allein im Garten arbeitete, war der Tag so heiß, dass er sein Hütchen abnahm und die Luft ihn kühlen sollte. Wie die Sonne auf das Haar schien, glitzte und blitzte es, dass die Strahlen in das Schlafzimmer der Königstochter fielen und sie aufsprang, um zu sehen, was da wäre. Da erblickte sie den Jungen und rief ihn an: „Junge, bring mir einen Blumenstrauß!"

Er setzte in aller Eile sein Hütchen auf, brach wilde Feldblumen ab und band sie zusammen. Als er damit die Treppe hinaufstieg, begegnete ihm der Gärtner und sprach: „Wie kannst du der Königstochter einen Strauß von schlechten Blumen bringen? Geschwind hole andere und suche die schönsten und seltensten aus!" „Ach nein", antwortete der Junge, „die wilden riechen kräftiger und werden ihr besser gefallen." Als er in ihr Zimmer kam, sprach die Königstochter: „Nimm dein Hütchen ab, es ziemt sich nicht, dass du ihn vor mir aufbehältst."

Er antwortete wieder: „Ich darf nicht, ich habe einen grindigen Kopf." Sie griff aber nach dem Hütchen und zog es ab, da rollten seine goldenen Haare auf die Schultern herab, dass es prächtig anzusehen war. Er wollte fortspringen, aber sie hielt ihn am Arm und gab ihm eine Handvoll Dukaten. Er ging damit fort, achtete aber des Goldes nicht, sondern er brachte es dem Gärtner und sprach: „Ich schenke es deinen Kindern, die können damit spielen."

Den andern Tag rief ihm die Königstochter abermals zu, er sollte ihr einen Strauß Feldblumen bringen, und als er damit eintrat, grapste sie gleich nach seinem Hütchen und wollte es ihm wegnehmen; aber er hielt es mit beiden Händen fest. Sie gab ihm wieder eine Handvoll Dukaten, aber er wollte sie nicht behalten und gab sie dem Gärtner zum Spielwerk für seine Kinder. Den dritten Tag ging's nicht anders: Sie konnte ihm sein Hütchen nicht wegnehmen, und er wollte ihr Gold nicht.

Prinzessin

Während er so sein Bewusstsein weitet, begegnet er neuen Persönlichkeiten: einem neuen König, der jetzt sowohl kosmische als auch individuelle Wesenszüge aufweist. Und einer Prinzessin, die jenen Aspekt seines inneren Wesens darstellt, mit dem er eins werden muss, und die versucht, ihn durch Wegreißen seiner Kappe, also seiner Tarnung, sein goldenes inneres Wesen enthüllen und offenbaren zu lassen.

Nicht lange danach ward das Land mit Krieg überzogen. Der König sammelte sein Volk und wusste nicht, ob er dem Feind, der übermächtig war und ein großes Heer hatte, Widerstand leisten könnte. Da sagte der Gärtnerjunge: „Ich bin herangewachsen und will mit in den Krieg ziehen; gebt mir nur ein Pferd!" Die andern lachten und sprachen: „Wenn wir fort sind, so suche dir eins; wir wollen dir eins im Stall zurücklassen." Als sie ausgezogen waren, ging er in den Stall und zog das Pferd heraus; es war an einem Fuß lahm und hickelte hunkepuus, hunkepuus. Dennoch setzte er sich auf und ritt fort nach dem dunkeln Wald. Als er an den Rand desselben gekommen war, rief er dreimal ‚Eisenhans' so laut, dass es durch die Bäume schallte. Gleich darauf erschien der wilde Mann und sprach: „Was verlangst du?" „Ich verlange ein starkes Ross, denn ich will in den Krieg ziehen." „Das sollst du haben und noch mehr als du verlangst." Dann ging der wilde Mann in den Wald zurück, und es dauerte nicht lange, so kam ein Stallknecht aus dem Wald und führte ein Ross herbei, das schnaubte aus den Nüstern und war kaum zu bändigen. Und hinterher folgte eine Schar Kriegsvolk, ganz in Eisen gerüstet, und ihre Schwerter blitzten in der Sonne.

Kampf

Der Eisenhans kommt ihm erneut zu Hilfe und bringt ein Pferd mit (Energien und Kräfte, auf denen er ‚reiten' kann) und wunderbare Waffen (die Gabe der Unterscheidung, der Diskrimination) zum Kampf gegen die Eindringlinge.

Der Jüngling übergab dem Stallknecht sein dreibeiniges Pferd, bestieg das andere und ritt vor der Schar her. Als er sich dem Schlachtfeld näherte, war schon ein großer Teil von des Königs Leuten gefallen, und es fehlte nicht viel, so mussten die übrigen weichen.

Schlachtfeld

Das Schlachtfeld ist da, wo die Kräfte der Erleuchtung und die Kräfte der Unwissenheit zusammentreffen (alles in unserem Innern).

Da jagte der Jüngling mit seiner eisernen Schar heran, fuhr wie ein Wetter über die Feinde und schlug alles nieder, was sich ihm widersetzte. Sie wollten fliehen, aber der Jüngling saß ihnen auf dem Nacken und ließ nicht ab, bis kein Mann mehr übrig war. Statt aber zu dem König zurückzukehren, führte er seine Schar auf Umwegen wieder zu dem Wald und rief den Eisenhans heraus. „Was verlangst du?" fragte der wilde Mann.

„Nimm dein Ross und deine Schar zurück und gib mir mein dreibeiniges Pferd wieder!" Es geschah alles, was er verlangte, und er ritt auf seinem dreibeinigen Pferd heim. Als der König wieder in sein Schloss kam, ging ihm seine Tochter entgegen und wünschte ihm Glück zu seinem Siege. „Ich bin es nicht, der den Sieg davongetragen hat", sprach er, „sondern ein fremder Ritter, der mir mit seiner Schar zu Hilfe kam."

Die Tochter wollte wissen, wer der fremde Ritter wäre, aber der König wusste es nicht und sagte: „Er hat die Feinde verfolgt, und ich habe ihn nicht wieder gesehen." Sie erkundigte sich bei dem Gärtner nach dem Jungen; der lachte aber und sprach: „Eben ist er auf seinem dreibeinigen Pferde heimgekommen, und die andern haben gespottet und gerufen: ‚Da kommt unser Hunkepuus wieder an.' Sie fragten auch: ‚Hinter welcher Hecke hast du derweil gelegen und geschlafen?' Er sprach aber: ‚Ich habe das Beste getan, und ohne mich wäre es schlecht gegangen.' Da ward er noch mehr ausgelacht."

ein kosmischer Krieger

Als ein Diener allen Lebens ist er nun zum kosmischen Krieger geworden, dem Kämpfer gegen das Böse und Beschützer des Guten.

Der König sprach zu seiner Tochter: „Ich will ein großes Fest ansagen lassen, das drei Tage währen soll, und du sollst einen goldenen Apfel werfen. Vielleicht kommt der Unbekannte herbei."

Als das Fest verkündigt war, ging der Jüngling hinaus zu dem Wald und rief den Eisenhans. „Was verlangst du?" fragte er. „Dass ich den goldenen Apfel der Königstochter fange." „Es ist so gut, als hättest du ihn schon", sagte Eisenhans, „du sollst auch eine rote Rüstung dazu haben und auf einem stolzen Fuchs reiten."

Als der Tag kam, sprengte der Jüngling heran, stellte sich unter die Ritter und ward von niemand erkannt. Die Königstochter trat hervor und warf den Rittern einen goldenen Apfel zu, aber keiner fing ihn als er allein; aber sobald er ihn hatte, jagte er davon. Am zweiten Tag hatte ihn Eisenhans als weißen Ritter ausgerüstet und ihm einen Schimmel gegeben. Abermals fing er allein den Apfel, verweilte aber keinen Augenblick, sondern jagte damit fort.

Fest

Das Fest, zu dem uns der König einlädt, ist das ewige Fest des Lebens selbst, die ewige Wiederkehr dessen, der den Tod besiegt hat, indem er eins mit dem Leben, dem Bewusstsein und der Freude wurde; dessen, der zu sagen vermag „Ich bin das Leben", und der daher alles als ein nicht endendes Fest empfindet.

Der König war bös und sprach: „Das ist nicht erlaubt, er muss vor mir erscheinen und seinen Namen nennen." Er gab den Befehl, wenn der Ritter, der den Apfel gefangen habe, sich wieder davonmachte, so sollte man ihm nachsetzen, und wenn er nicht gutwillig zurückkehrte, auf ihn hauen und stechen. Am dritten Tag erhielt er vom Eisenhans eine schwarze Rüstung und einen Rappen und fing auch wieder den Apfel. Als er aber damit fortjagte, verfolgten ihn die Leute des Königs, und einer kam ihm so nahe, dass er mit der Spitze des Schwertes ihm das Bein verwundete. Er entkam ihnen jedoch; aber sein Pferd sprang so gewaltig, dass der Helm ihm vom Kopf fiel, und sie konnten sehen, dass er goldene Haare hatte. Sie ritten zurück und meldeten dem König alles.

Am andern Tag fragte die Königstochter den Gärtner nach seinem Jungen. „Er arbeitet im Garten; der wunderliche Kauz ist auch bei dem Fest gewesen und erst gestern abend wiedergekommen; er hat auch meinen Kindern drei goldene Äpfel gezeigt, die er gewonnen hat."

goldene Äpfel

Es sind die goldenen Äpfel der Unsterblichkeit, die Früchte vom Baum des Lebens.

Der König ließ ihn vor sich fordern, und er erschien und hatte wieder sein Hütchen auf dem Kopf. Aber die Königstochter ging auf ihn zu und nahm es ihm ab, und da fielen seine goldenen Haare über die Schultern, und es war so schön, dass alle erstaunten. „Bist du der Ritter gewesen, der jeden Tag zu dem Fest gekommen ist, immer in einer andern Farbe, und der die drei goldenen Äpfel gefangen hat?" fragte der König. „Ja", antwortete er, „und da sind die Äpfel", holte sie aus seiner Tasche und reichte sie dem König. „Wenn Ihr noch mehr Beweise verlangt, so könnt Ihr die Wunde sehen, die mir Eure Leute geschlagen haben, als sie mich verfolgten. Aber ich bin auch der Ritter, der Euch zum Sieg über die Feinde verholfen hat."

„Wenn du solche Taten verrichten kannst, so bist du kein Gärtnerjunge. Sage mir, wer ist dein Vater?"

„Mein Vater ist ein mächtiger König, und Goldes habe ich die Fülle und soviel ich nur verlange."

„Ich sehe wohl", sprach der König, „ich bin dir Dank schuldig, kann ich dir etwas zu Gefallen tun?"

„Ja", antwortete er, „das könnt Ihr wohl, gebt mir Eure Tochter zur Frau." Da lachte die Jungfrau und sprach: „Der macht keine Umstände! Aber ich habe schon an seinen goldenen Haaren gesehen, dass er kein Gärtnerjunge ist", ging dann hin und küsste ihn.

Zu der Vermählung kam sein Vater und seine Mutter und waren in großer Freude, denn sie hatten schon alle Hoffnung aufgegeben, ihren lieben Sohn wieder zu sehen.

Hochzeit

Die Hochzeit ist die Unio mystica des Prinzen, des ewigen Kindes in uns, mit der Prinzessin, seiner Seele, seinem kosmischen Bewusstsein, seiner ewigen Braut in dem ewigen Märchen des „Zwei-in-Einem". Und wahrhaftig ist der Mensch nicht nur der ‚Gärtnerjunge', das Kind von Mutter Erde, er ist auch das Kind einer noch viel größeren Kraft. Und so kann unser Märchenprinz zum König sprechen: „Gold besitze ich mehr als sich irgend jemand vorstellen kann." Wenn der

Mensch sein Eisen in Gold verwandelt hat, dann wird auch
die Welt, die ihn umgibt, zu Gold, und er entdeckt, dass er in
einem goldenen Zeitalter lebt.

Und als sie an der Hochzeitstafel saßen, da schwieg auf einmal
die Musik, die Türen gingen auf, und ein stolzer König trat herein
mit großem Gefolge. Er ging auf den Jüngling zu, umarmte ihn
und sprach:

Ich bin der Eisenhans

und war in einen wilden Mann verwünscht, aber du hast mich
erlöst. Alle Schätze, die ich besitze, die sollen dein Eigentum sein."

Herrscher des Königreichs

Der Eisenhans, der wilde Mann in unserem Innern, ist nun
von seinen alten Atavismen befreit, das Tier in ihm besiegt
und gezähmt, verwandelt und verklärt – ein wertvoller Teil
jener komplexen Persönlichkeit, die wir sind. Wir, der Prinz,
das ewige Kind, sind nunmehr Herrscher im Königreich.

Das Buch der Tore
ein ägyptischer Papyrus
aus dem Grab von Her-Uben

Das Buch der Tore

ein ägyptischer Papyrus
aus dem Grab von Her-Uben

Her-Uben

Im Grab von Her-Uben, deren Name ‚strahlender Himmel‘ bedeutet, wurde ein ägyptischer Papyrus gefunden, auf dem ihr bedeutungsvoller Name wiederholt vorkommt. Her-Uben war die Enkelin von Menkheperre, einem König und Priester, Pharao der 21. Dynastie.

Die gleiche Art von Papyrus, aber in zahlreichen Abwandlungen, jeder ein Kunstwerk für sich, lässt sich in den Gräbern aller vornehmen Ägypter finden. Deshalb gaben ihm die westlichen Ägyptologen den Namen ‚Das Totenbuch‘, eigentlich heißt es aber ‚Das Buch von denen, die ins Licht gehen‘. [1]

Doch für die Ägypter gab es keinen Tod. Es gab nur Tore, und so nannten sie selbst diesen Papyrus das ‚Buch der Tore‘. Sie waren von der Ewigkeit des Lebens überzeugt und sahen den Durchgang von einem Leben in ein anderes wie den Gang durch Tore. Das ‚Buch der Tore‘ wurde mit ins Grab gegeben, um den Reisenden an die Tore zu erinnern und daran, wie man hindurchgeht – als eine Art ‚Reiseführer‘.

Da gibt es keine kindlichen Paradiese oder düsteren Höllen, nichts Übernormales oder Übernatürliches, vielmehr nur rein psychologische Botschaften in Bildern und Symbolen, die uns mitteilen, dass es – bei genauem Hinsehen – gar keinen Tod gibt. Dem Leser wird etwas Wissen über sich selbst vermittelt, und er erhält Hinweise, die ihm helfen, die Tore des eigenen Unterbewussten zu durchschreiten und auf der ‚anderen Seite‘ in neuem Leben zu erscheinen.

Papyri werden von rechts nach links gelesen, so wie die Sonnenbarke und die Sterne über das Firmament wandern, wenn man in südlichen Breiten in Richtung Polarstern schaut.

Die Opferzeremonie

Her-Uben, „strahlender Himmel", hat ihren sterblichen Leib – und damit die äußere Welt der Menschen – verlassen und steht nun in der Gegenwart der seelischen Kräfte der Innenwelt, jener Wirklichkeit, die unserem äußeren Dasein und unseren Lebensumständen erst Sinn verleiht und sie erklärbar macht. Her-Uben trägt ein weißes Festgewand, und auf ihrem Kopf einen Fest-Konus, was andeutet, dass sie zu einer großen Reise aufbricht. Fest-Konusse bestanden aus parfümierten Ölen und Salben und wurden weiblichen Gästen am Hauseingang gereicht und auf ihren Kopf gesetzt, sodass die duftenden Substanzen sich nach und nach auflösten und angenehm Haare und Haut befeuchteten, eine Wohltat im heißen und trockenen Klima.

Her-Uben steht vor einem Gott, der eine Maske trägt, was vermuten lässt, dass wir bei der ersten Begegnung nicht erkennen, dass wir es mit einem Gott, zu tun haben, sondern ihn für eine der vielen Formationen der Natur halten.

Dieser Gott (dieser Neter [2]) mit dem Falkenkopf, mit wachsamen Augen, immer aufmerksam, immer gegenwärtig, ist natürlich das Erste, was uns begegnet, wenn wir unsere Augen geschlossen haben, auf der anderen Seite: es ist unser eigenes Bewusstsein.

Der Gott sitzt auf einem Thron, der auf einem Podest steht, das wie das ägyptische Symbol für Wahrheit, die Grundlage allen Seins, geformt ist. Von diesem Sitz aus herrscht er, Osiris genannt, über die innere Welt [3]. Als Bewusstsein ist er der Souverän über jene Welt, und gleichzeitig ist er auch Her-Uben selbst. In seinen Händen hält er seine Zepter: den Krummstab und das Flagellum, beides Instrumente einer Hirten-Gesellschaft, die deutlich machen sollen, dass er der Herrscher über Innen- und Außenwelt ist, der „Hirte" all der vielen Seelenkräfte.

Er trägt einen reich gestalteten Kopfschmuck mit Hörnern, zwei aufgerichteten Kobras mit Scheiben und der Atef-Krone, der weißen, zweifedrigen Krone Süd-Ägyptens. Jedes dieser Symbole hatte für den Ägypter eine bestimmte psychologische Bedeutung. Die zwei Federn zum Beispiel galten als Sinnbild der Wahrheit alles Seienden. Her-Uben selbst trägt auch eine solche Feder an ihrem Gürtel (vgl. S. 102): wer in der Wahrheit steht, dessen Herz ist leicht wie eine Feder. Zwischen Her-Uben und Osiris befindet sich ein Tisch, reich beladen mit Früchten, Brotlaiben, Lotusblumen und Gemüse, sowie mit Kopf und Bein eines Stiers. Für den oberflächlichen Leser handelt es sich lediglich um ein heidnisches Opfer, doch es steht für eine metaphysische, kosmische und psychologische Wahrheit.

In der Bhagavad Gita, dem indischen Epos, wird es so ausgedrückt: „Das ganze Universum und alles, was darin vorgeht, ist bewusst oder unbewusst ein fortwährendes Opfer."

Die Sonnen opfern ihren Wasserstoff, um das Weltall zu erhellen, die Atome opfern sich, um zu reiner Energie zu werden. Alles Leben ist Opfer, so auch das Leben von Her-Uben. Alle Früchte, die sie während ihres Lebens gesammelt hat, ob dieses nun lang oder kurz währte, opfert sie hier ihrer inneren Göttlichkeit.

„Ich bin Honig für alle Wesen, und alle Wesen sind Honig für mich", spricht der Herr in der Bhagavad Gita.

Auch in der nordischen Mythologie wird die Seele als Honig-biene dargestellt, und der Sinn des Lebens ist es, Honig für die Unsterblichen zu sammeln. Der Altar ist mit Weinblättern geschmückt, und vor dem Gott ist ein Imyut aufgestellt, eine Tier-haut auf einem Pfahl. Diese Tierhaut ist natürlich unser eigener Leib. (Siehe die Schöpfungsgeschichte: „Und die Elohim kleideten sie [Adam und Eva] in Tierhäute.") Vor dem Durchgang durch das erste Tor müssen wir unseren Tierkörper als Opfer hingeben.

Osiris ist nicht allein. Hinter ihm, mit einer Hand seine Schulter sanft berührend, steht seine Shakti [4], seine Kraft, seine Schekinah, die Göttin Isis; sie trägt die Sonnenscheibe zwischen den Hörnern des Mondes, was ihre kosmische Bedeutung und den Umstand verdeutlichen soll, dass sie wirklich ein Sonnen-bewusstsein symbolisiert. Die Kobra auf ihrem Kopfschmuck repräsentiert königliche Kräfte. In ihrer freien Hand hält sie die Schleife des Ankh, Sinnbild für das stete Wiederkehren des Lebens.

Die Hieroglyphen-Inschrift über den Figuren erläutert, was vor sich geht. Zuerst kommt dort ein an Osiris gerichtetes Gebet, doch dann folgt die Aussage, dass dieses Gebet ebenso von Osiris kommt, weil Her-Uben im gleichen Moment, in dem sie ihren Kör-per verlässt, ihre Göttlichkeit, *ihr* Osiris-Wesen, wieder erlangt. Sie ist wieder zu der Gottheit geworden, die sie insgeheim schon immer gewesen war. Im alten Ägypten wurde jede verstorbene Person mit Osiris identifiziert, und ein wichtiger Grund, warum das „Buch der Tore" ins Grab mitgegeben wurde, war, die Seele an ihren wahren Namen, [ihr wahres, inneres Programm] zu erinnern und an alle seelischen Qualitä ten, die sie berechtigten, wieder selbst Osiris zu sein.

So spricht sie: „Ich bin Osiris, Her-Uben, Herrin des Hauses, Sängerin des Amon, der höchsten Sonne und Wahrheit". (Im Christentum wird diese höchste Wahrheitsebene mit dem Wort ‚Amen' immer noch angerufen). Und weiter sagt Her-Uben, dass sie die zweite Prophetin der Mut sei, Hohepriesterin, die Tochter der Isis-Am-Kneth und Enkelin des Menkheperre.

Die Läuterung

In Szene zwei sehen wir Her-Uben, nunmehr eins mit Osiris, wie sie auf einem Podest mit beiderseits drei Treppenstufen kniet.

Erste Stufe: das Zurückziehen aus dem Körper,

zweite Stufe: Darbringung der Früchte des Lebens und die dritte Stufe: Identifikation mit Osiris.

Nun wird sie geläutert, Thoth und Horus gießen aus zwei Alabasterkrügen das Wasser des Lebens – Symbol der Reinheit und des ewigen Lebens – über sie.

Was aus den Krügen strömt, ist das Ankh, das wir schon in der Hand der Isis als Symbol des ewigen Lebens kennengelernt haben, und der Uas. Der Uasstab ist ein pastorales Zepter und steht für Seligkeit und göttliche Führung.

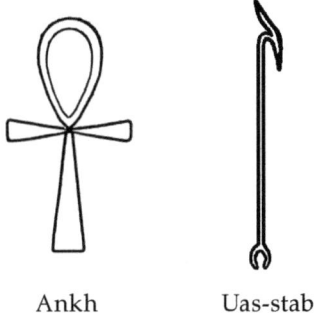

Ankh   Uas-stab

Reinheit und Läuterung bedeuteten im Denken der Ägypter ewiges Leben und göttliche Stärke.

101

Horus, der Falke, symbolisiert die Kraft der Wiederaufersteh-hung, und Thoth, der göttliche Schreiber der Wahrheit, hier in der Gestalt des Ibis, die seelische und kosmische Erinnerungs-fähigkeit. Mit dieser ägyptischen Version der ‚heiligen Ölung' legt die Seele alle hässlichen kleinen Begebenheiten ihres Lebens ab und erinnert sich von nun an nur an das, was darin Wahrheit, Schönheit und Liebe war. Nur diese Erinnerungen können wir mitnehmen in die Seligkeit, die der Tod ist.

Der Hieroglyphentext vor Her-Uben wiederholt: „Osiris, Her-rin des Hauses, Sängerin des Amon, Her-Uben ist gerechtfertigt vor der großen Enneade, den neun großen Gottheiten, die eines sind. Sie ist rein, sie ist rein." Die Gottheiten (Neteru) sprechen:

„Komm zu uns, Her-Uben. Mögest du die lebende Seele des Osiris werden, des Herrn des Lebens und der beiden Reiche."

Die zentrale Bedeutung der gesamten Szene ist nicht so sehr

die offensichtliche Läuterung als vielmehr die völlige Wieder-erlangung der Göttlichkeit Her-Ubens. Ewiges Leben und ewige Stärke werden buchstäblich über sie ausgegossen, und unter diesem Niederströmen wird sie wieder groß, stark und schön.

Hier ist wichtig anzumerken, dass eine bestimmte Szene, die gewöhnlich im „Buch der Tore" vorkommt, in Her-Ubens Papyrus von den Priestern, die ihn schrieben und ihr in den Sarkophag mitgaben, ausgelassen wurde. Die fehlende Szene ist das berühmte Totengericht durch Anubis und Thoth (siehe Bild unten), bei dem das Herz des Verstorbenen (auf der einen Waag-schale) mit der Feder der Wahrheit (auf der anderen Waagschale) gewogen wird. [5]

Da Her-Uben Hohepriesterin, „Zweite Prophetin der Mut" war, galt sie schon zu Lebzeiten als „gerechtfertigt": eine Gerichts-szene war daher nicht notwendig. Durch beständige Selbsterfor-schung, ein Leben in priesterlicher Meditation und Einsicht hat sie ihr Herz schon zu Lebzeiten von aller Schwere des Egos und all seinen Bindungen und Begierden befreit und leicht gemacht.

Das zentrale Wesen

Mit Szene drei kommen wir zur Mitte des Papyrus-Streifens und gleichzeitig zum Zentrum unseres inneren Wesens. Hier begegnen wir dem Geheimnis unserer Seele, dem Innersten unseres Herzens. Her-Uben wird vom heiligen Pavian geführt. Er ist wiederum eine Form des Gottes Thoth, aber jetzt in einer neuen Gestalt, die uns zunächst befremden mag; doch für die mit dem Pavian vertrauten Ägypter, war dieser das Symbol für eine der wichtigsten Seelenkräfte: die Intuition. Thoth, hier also die Verkörperung einer maßgebenden Funktion unserer selbst, ist der ägyptische Götterbote; er wurde als Schirmherr und Förderer von Wissenschaft und Literatur verehrt, doch psychologisch gesehen ist er reine Weisheit und Inspiration. Er erhob die Menschen zu den höchsten Ebenen ihres Seins, und er steht auch für ihr seelisches Gedächtnis. Die Ägypter nannten ihn den „Bewahrer der Aufzeichnungen". Er symbolisiert die Erinnerung, das unvergessliche Wissen, das, was wir von einem Leben in ein anderes mitnehmen, die *Aletheia* (und auch die Mnemosyne) der Griechen. Als volkstümliche Gottheit wurde er besonders in Hermopolis Magna verehrt und ist uns als *Hermes Trismegistos*, der ‚dreimal Große', überliefert. Er ist der älteste Sohn des Re, der Sonne (Symbol für Licht, Bewusstsein) und brütete als heiliger Ibis das Weltenei aus. Dieses Schöpfungswerk vollbrachte er einzig mit dem Klang seiner Stimme (seiner Schwingungen, Vibrationen, vgl. in der Quantenphysik ‚superstring'). Er ist der überaus mächtige und mitfühlende Freund der Seele, und trägt durch die „Wirkung seiner Stimme" zu ihrer Auferstehung bei. Die heilige Formel in den heiligen Schriften lautet: „Re hat gesprochen und Thoth hat geschrieben." Thoth ist es auch, der den Urteilsspruch auf den Erinnerungstafeln registriert, und der nach dem Wiegen des Herzens mit lauter Stimme verkündet „Nicht schuldig!" [6]

Die Sonnenscheibe mit dem Kind symbolisiert das wahre Zentrum unseres Seins. Die sie umkreisende, sich in den Schwanz beißende Schlange weist auf eine Bewegung hin, die zu ihrem eigenen Ursprung zurückkehrt. Diese Ewigkeitsschlange ist Symbol für unendliche Wiederkehr. Sie zeigt auch, dass Anfang und Ende, Vergangenheit und Zukunft sich aufheben in der immerwährenden Gegenwart, in der das Kind ist, unser unvergängliches Wesen. Es wird umarmt und gewiegt durch die Arme der großen Mutter, aus deren göttlichem Einssein es sich niemals wirklich gelöst hat. Sein zum Mund führender Finger zeigt, dass da ein Bewusstsein ist, das sich aus sich selbst ernährt und auf nichts von außen angewiesen ist.

In seiner rechten Hand hält das Kind Krummstab und Flegel als Zeichen seiner Herrschaft über die beiden Welten, die innere und die äußere.

Mit diesem göttlichen Kind sind wir beim tiefsten Geheimnis der – in Symbole gehüllten – ägyptischen Lehrbotschaften angelangt. Angesichts der vielen Bilder und Hieroglyphen mit unzähligen Namen von Göttern (Neteru [2]) und der vielen verwirrenden, befremdenden Masken, die sie tragen – und der Tatsache, dass dieselbe Gottheit verschiedene Gestalten annehmen kann, von denen jede durch ihre Priester als die höchste angerufen wird – ist es nicht verwunderlich, dass selbst Fachleute die Übersicht verlieren. Doch beim einfachen Betrachten der Bilder erschließt sich uns ihre geheime Bedeutung; wir können „Initiierte" werden, und sind wie Her-Uben eingeladen, unser ewiges Kind im Innern wieder zu entdecken.

Jesus sagt im Thomas-Evangelium, Logion 22:

„Diese kleinen Kinder, die saugen, gleichen denen, die in das Königreich eingehen." Oder wie Laotse im Tao Te King sagt:

„Wer die Fülle des Te in sich hat, gleicht einem neugeborenen Kindlein. … Kannst du deine Kräfte einheitlich machen und die Weichheit erreichen, dass du wie ein Kindlein wirst?"

Die Sonnenscheibe mit dem Kind steht auf zwei Rücken an Rücken sitzenden Löwen, Schu und Tefnut, und in ihrer Mitte sehen wir den Kopf einer Antilopenkuh. Die beiden Löwen symbolisieren unsere weibliche und männliche Vitalität, die königlichen Lebenskräfte, derer wir für unsere nächsten Leben bedürfen; die Antilopenkuh ist das mütterliche Prinzip, das uns stets begleitet. Das göttliche Kind wird von all diesen Kräften getragen und kann sich ihrer als helfender Instrumente bedienen.

Das ganze Bild – das Kind mit den Tieren – steht vor Her-Uben als eine Art psychologischer Spiegel, und während sie andächtig daran vorbeigeht, erkennt sie sich selbst, identifiziert sich mit ihnen, wird eins mit all diesen seelischen Kräften..

Im Garten Eden

Bis hierher war der Weg Her-Ubens nach innen gerichtet, eine
Heimkehr in ihre eigene Tiefe, ihr eigenes Zentrum. In Szene vier
geht er wieder nach außen. Wir befinden uns in einem berühmten
Garten, den wir alle kennen, mit seinen zwei Bäumen: dem Baum
der Erkenntnis und dem Baum des Lebens. Der Baum des Lebens
hängt voller süßer Früchte, jede ein neues Leben, das wir pflücken und kosten. Doch, was in späteren Versionen des Gartens
zur Schlange wurde, ist hier im ägyptischen Garten ein Krokodil.
Es kommt aus dem schwarzen Nilschlamm und symbolisiert für
den Ägypter den Erdgott Geb. Warum wirft sich Her-Uben vor
ihm nieder? Ist sie jetzt nicht im Himmel und bedarf nicht mehr
irdischer Dinge? Vor Osiris und Re hatte sie sich nicht nieder-
geworfen. Vielleicht, weil sie sich in beiden wieder erkannt hatte
und daher keine Wohltaten erbitten musste. Doch jetzt braucht
sie etwas: Sie wünscht sich einen neuen Körper für ein neues
Leben auf Erden; einen getreuen Diener, der ihren Anweisungen
gehorcht. Und natürlich ist es die Aufgabe des Neter Geb, solch

einen irdischen Körper zu geben, aus demselben Stoff wie der dunkle und fruchtbare Nilschlamm. Und Geb antwortet ihr:

„Deine Seele soll nicht eines neuen Leibes entbehren."
„Dein Bild ist bei den Göttern, und du empfängst, was auf Erden ist."

Du bist eine lebende Seele.

Säen und Ernten

Szene fünf bestätigt unsere Erläuterung. Wir sehen Her-Uben wieder, wie sie über die Felder der Erde schreitet, Samen aussäend hinter einem dunklen, pflügenden Sklaven: ihrem neuen, gehorsamen physischen Wesen. Sie sät ein neues Schicksal in einem neuen Lebensabenteuer zu neuer Erfüllung aus. Diese letzte Szene ist deutlich in zwei Hälften unterteilt, dazwischen fließt der Fluss des Lebens, der aus dem Paradies kommt. Der obere Teil zeigt, was sichtbar und bewusst ist, der untere, was verborgen ist, was unserem Unterbewussten, unserem „Traumleben" angehört. Säen und die Bearbeitung des Feldes gehören zum bewussten Teil, doch im Unterbewussten ernten wir, so wie Her-Uben, mit unserem Diener und sammeln die Samenkörner in unsere Körbe für ein neues Opfer. „Der Gerechtfertigte geht hinein und kommt heraus."

Mit dieser Szene und diesen Worten scheint der Papyrus an sein Ende gelangt zu sein, doch für den ägyptischen Leser, den

Initiierten ist es ein Neubeginn, und die Geschichte geht auf der rechten Seite des Papyrus weiter und wird uns wieder durch die gleichen Tore führen. Denn wir alle sind „Osiris, derjenige, der wieder aufersteht".

Du gehst hinein, du kommst heraus,
während dein Herz froh ist.

Du bist eine lebende Seele.

Du fährst hinüber auf der Fähre,
ohne behindert zu werden;
du segelst auf den Wassern der Ewigkeit.

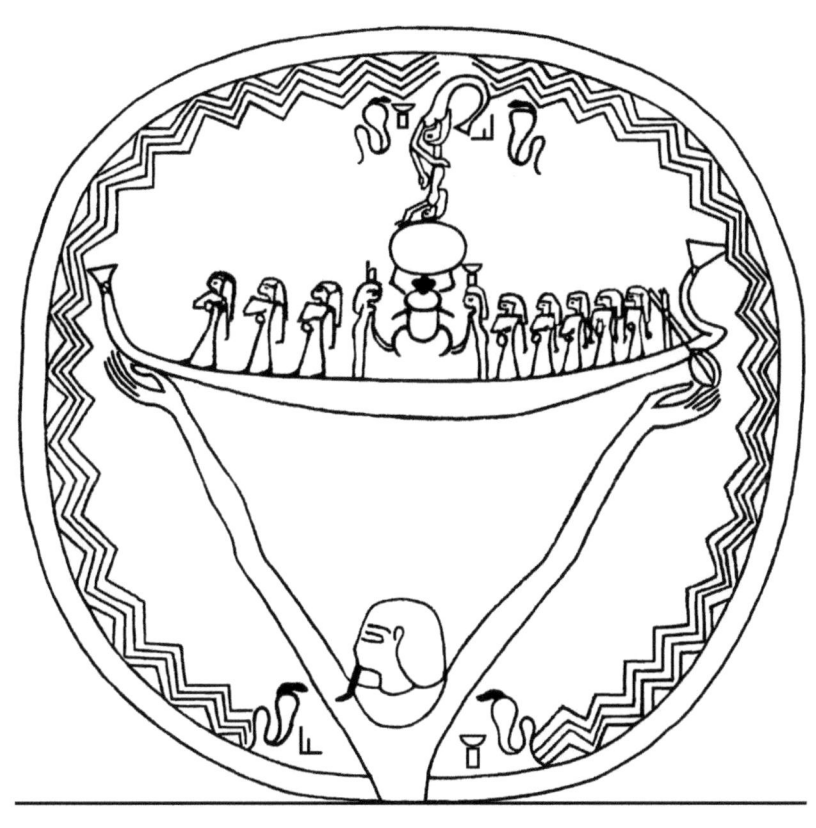

Vom Papyrus Khonsu-mes

*Möge dein Platz weit sein
in der Barke ,Millionen Jahre'.*

Anmerkungen

1 Der deutsche Ägyptologe K. R. Lepsius hat im Jahr 1842 eine Sammlung alt-ägyptischer Symbol-Aussagen als *Das Totenbuch der alten Ägypter* bezeichnet, und dieser Titel wurde von den späteren Ägyptologen so übernommen. Ursprünglich wurden diese Schriften in Theben (Luxor, Oberägypten) *pert em hru* genannt, ein Titel, der in Varianten folgendermaßen übersetzt wurde: „manifestiert im Licht", „hervorkommen bei Tag", „die Manifestation des Lichtes", „[Kapitel von] der Erscheinung im Lichte", „Erscheinen am Tage", etc..
Medhananda nimmt sich die Freiheit, diese Sammlung *„Das Buch von denen, die ins Licht gehen"* zu nennen.

2 Was die Ägyptologen mit „Gott" oder „Götter" übersetzen, wurde von den alten Ägyptern „Neter" (plural „Neteru") genannt und mit den Hieroglyphen Fahne und Schlange dargestellt. Die Schlange war das Symbol für Schwingungen, Energien, Vibrationen, welche uns (= Symbol Fahne) bewegen – wie Winde aus verschiedenen Richtungen.
Die alten Ägypter sahen die Neteru nicht als übernatürliche Überpersonen, sondern als universelle Kräfte / Seelenkräfte, die Teil unserer selbst sind (unserer vibratorischen Wirklichkeit), ja Teil aller lebenden Wesen. Medhananda erläutert das, was die alten Ägypter mit „Neteru" ausdrückten, ausführlich in *Der Weg des Horus*, Kapitel II: Jene ewigen Bewegungen in uns.

3 Medhananda erläutert Osiris in *Der Weg des Horus*, S. 110 und in *Die Königliche Elle*, Kapitel: Dem Universum Wirklichkeit geben, S. 120.

4 Shakti ist das Sanskritwort für Energie, dynamische Kraft, kreatives Prinzip (in Indien auch „göttliche Mutter" genannt). Ishwara ist das Sanskritwort für reines, göttliches Bewusstsein, das Höchste (the Supreme), das Absolute. Shakti und

Ishwara bilden die beiden Urprinzipien des Universums, sind zwei Pole des Einen Göttlichen, ergänzen sich und bedingen einander. Deshalb werden in Indien die Gottheiten stets komplementär, im Symbol von Mann und Frau dargestellt. Auch im Menschen gibt es diese zwei polaren Prinzipien, in Sanskrit Prakriti und Purusha genannt: Prakriti ist die wirkende Natur in uns (unsere physischen, vitalen und mentalen Aktivitäten), Purusha ist das Selbst, der stille Zeuge, Beobachter in uns.

5   Medhananda erläutert das Wiegen des Herzens auch in *Archetypen der Befreiung*, S.143.

6   Medhananda schreibt über Thot ausführlich in *Das altägyptische Senet-Spiel*, S. 117.

Die Geburt des goldenen Kindes
eine ägyptische Bilderfolge
aus dem Tempel von Deir el-Bahari

Die Geburt des goldenen Kindes

*E*s gab eine Zeit, da wandelten die Götter auf Erden und nahmen an allem teil, was der Mensch tat.

Wenn er ein Haus oder ein Schiff baute, sein Feld bestellte oder erntete, wenn er jagte oder reiste oder in den Krieg zog, begleiteten ihn die Götter, berieten ihn, unterstützten und ermutigten ihn. Wenn er ein Tier schlachtete, tat er es als Opfer für die Götter und begnügte sich mit den Überbleibseln. Wenn er sich zum Essen oder Trinken hinsetzte, rief er die Götter, mit ihm zusammen zu essen und zu trinken.

Und natürlich waren sie immer eingeladen zu all seinen Festen: den jahreszeitlichen Festen und zu denen von Geburt und Tod. Atheisten kannte man nicht; in der großen Einheit des Lebens waren es die Unsterblichen, die im Menschen starben, und der Mensch lebte das ewige Leben in den Göttern, die mit ihm lebten. In seinem Herzen, seinen Gefühlen und Gedanken waren die Götter immer zugegen. Sie ließen ihn nie allein.

Dem Kind gaben sie schöne Geschichten ein, und wenn es erwachsen geworden war, sandten sie ihm wunderbare Einfälle, Ideen und Ideale, die wie Adler vom blauen Himmel zu ihm herabkamen. Des Nachts begleiteten sie ihn in seinen Träumen. Immer wenn etwas Schwieriges zu bewältigen oder etwas Heldenhaftes zu tun war, zogen sie als Begeisterungskraft, Mut oder Zuversicht in sein Seelenbewusstsein ein. Und wenn es sich um etwas so Wichtiges handelte wie die Geburt eines Kindes, waren die Götter natürlich schon bei seiner Zeugung dabei.

Die nun folgende Erzählung zeigt uns etwas von dieser Präsenz.

Die Geschichte von der göttlichen Geburt der Königin Hatschepsut wird hier wiedergegeben, so wie sie auf den Wänden der Säulenhalle des Terrassentempels, den die Königin in Deir el-Bahari um 1490 v. Chr. errichten ließ, dargestellt ist.

Königin Hatschepsut war die erste große Frauengestalt und Königin, von der uns die Geschichte berichtet. In jenen weit zurückliegenden Zeiten konnte jemand nur König werden, wenn er die Tochter eines Königshauses heiratete, und er durfte in ihrem Reich nur mit ihrer Zustimmung herrschen. Starb die Königin, folgte ihr ihre älteste Tochter auf den Thron.

Hatschepsuts Mutter, Königin Ahmose, hatte nur eine Tochter, die am Leben geblieben war und die alte matriarchalische Erbfolge der „Herrinnen des Hauses" weiterführen konnte. Ihr Vater Thutmoses erklärte sie daher zur rechtmäßigen Nachfolgerin.

So wurde diese schöne und begabte Prinzessin Herrscherin Ägyptens und wurde „weiblicher Horus" genannt. Sie regierte zweiundzwanzig Jahre lang über Ober- und Unterägypten in Frieden und Wohlstand. Ägypten befand sich zu jener Zeit auf dem Höhepunkt seiner Macht, und Hatschepsuts Herrschaft reichte vom Euphrat in Mesopotamien bis zum vierten Nilkatarakt – ein riesiges Reich, zu dem auch der so genannte Nahe Osten gehörte.

Die Königin war Auftraggeberin zahlreicher Bauten. Sie sagte über sich selbst: „Ich habe wiederaufgebaut, was in Trümmern lag, ich habe fertig gestellt, was unvollendet war." Ihre ruhmreichste Schöpfung war der berühmte Tempel von Deir el-Bahari, eine riesige Tempelstadt, die sich in Terrassen aufwärts zum felsigen Rand des Niltals erstreckt.

Die zahlreichen Säulenhallen, die später griechische Tempelbauer inspirierten, sind mit ausnehmend schönen Reliefs bedeckt und berichten uns vom Schicksal und von den Taten der großen Königin.

Es trifft nicht zu, wie vielfach angenommen wird, dass die Königin ihre wundersame Geburt nur zum eigenen Ruhm darstellen ließ. Sie wollte auch zeigen, was innerlich zu tun ist, wenn man sich ein göttliches Kind wünscht; und sie tat es vor allem auch aus Liebe zu ihrem göttlichen Vater. Denn so lautete ihre Inschrift an der Basis ihres turmhohen Obelisken in Karnak: „Ich saß im Palast, ich gedachte dessen, der mich erschaffen hat, Amon-Re, und mein Herz veranlasste mich, zwei Obelisken für ihn aufzustellen. Dies habe ich aus liebendem Herzen für meinen Vater Amon-Re getan."

Wie diese große Königin von den Göttern Ägyptens gezeugt wurde, hat sie selbst in der vorliegenden Bildergeschichte erzählt.

Um sie zu verstehen, müssen wir zuerst wissen, wie die Ägypter ihre Götter sahen. Götter lieben es, zu spielen und unerkannt zu bleiben, und so verbergen sie sich in Tieren oder in gewöhnlichen Menschen. Man weiß nie, ob man sich mit einer Gottheit unterhält, bis sie vielleicht schon fort ist. So bildeten die Ägypter sie mit Vorliebe als Männer oder Frauen mit Tiermasken ab. Wenn die Götter zornig waren, trugen sie etwa die Maske eines Löwen oder eines Krokodils; wenn sie Schönheit und mütterliche Sanftheit weitergaben, näherten sie sich als freundliche Kuh; wenn sie Inspiration, Leichtigkeit und inneres Gleichgewicht verteilten, als Falke, Ibis oder weiser Affe.

Wir müssen auch verstehen, dass sich der größte Teil der folgenden Geschichte in der Vorstellung der Menschen abspielt und ihre Gefühle der Ehrfurcht, Verehrung oder Dankbarkeit gegenüber diesen Freunden, Helfern und Begleitern zeigt, die sie Götter (Neteru) nannten – und die in späteren Zeiten zu Schutzengeln oder Musen, oder schlicht zu inspirierenden Gedanken oder Idealen wurden.

Wir erfahren in dieser Bildergeschichte, dass der wichtigste Augenblick für das Werden eines Kindes nicht die Geburt, sondern die Empfängnis ist, also jener Moment, in dem es aus seinem himmlischen Ruheort herniedersteigt und seinen Eltern zum ersten Mal erscheint. Das mag im Schlaf als Traum geschehen oder im Wachsein als Gedanke oder Bild, oder es kann sich ganz einfach als Wunsch nach einem Kind manifestieren.

Hier ist die Geschichte, die die Bilder erzählen:

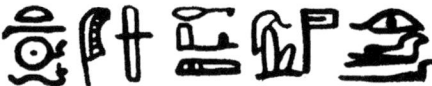

In der 18. Dynastie, der großen Blütezeit des ägyptische Reiches,

lebten einmal ein Pharao,

Thutmoses und seine Gemahlin, Königin Ahmose.

Sie waren jung und liebten einander sehr, und sie wünschten sich ein Kind. Ihre gemeinsame Aspiration stieg wie eine Flamme empor zum großen Gott Amon-Re, dem Sonnengott und Herrn über die Throne von Unter- und Oberägypten. Amon-Re beriet sich mit dem Rat der Neun, den obersten Göttern Ägyptens. Sie beschlossen, dass Amon Re, die Sonne der Wahrheit selbst, Vater von Ägyptens nächster Thronfolgerin werden, und dass ihr Name Hatschepsut lauten sollte. Thoth, der Oberste der Neun, göttlicher Schreiber und Meister des Wissens, sollte Amon-Re zur schönen Ahmose geleiten.

Unser erstes Bild zeigt den Gott Thoth (links) mit dem Kopf des göttlichen Ibis. Noch heute trägt der Vogel den lateinischen Namen ‚ibis religiosa', und seine Hieroglyphe bedeutet ‚Verklärung'. Thot nimmt den jungen Pharao, den zukünftigen Vater, bei der Hand. Das Zepter, das dieser vor sich hält, ist nicht, wie gewöhnlich, Flegel und Krummstab, sondern der Uas-Stab, ein feierliches Symbol seiner Rolle als göttlicher Hirte. Ein weiterer Teil seines königlichen Ornats ist der lange Tierschwanz, der ihn daran erinnern soll, dass der niederste Teil seines Wesens noch ein Tierkörper ist. Der König trägt hier nicht die Doppelkrone der ägyptischen Pharaonen, sondern den leuchtenden Kopfschmuck des Sonnengottes Amon-Re persönlich: dieser soll zeigen, dass sein Geist restlos von Wahrheitsbewusstsein erfüllt und damit gekrönt ist. Er wird nicht als sterblicher Ehemann und König zur Königin gehen, sondern als Verkörperung Amons, als sein lebendes Ebenbild auf Erden.

Amon-Re erscheint so in menschlicher Gestalt nur im Pharao, weil er nur in ihm Herrscher der beiden Throne zugleich ist; da der Pharao Amon-Re ist, ist er auf diese Weise die inkarnierte Seele Ägyptens.

Er betritt das Schlafgemach der Königin und findet sie schlafend, schön in Gestalt und anziehend selbst für sein höchstes Bewusstsein. Da der göttliche Duft des Gottes sie im Traum berührt, erwacht sie. Sie begrüßt den König: „Du sollst Dich auf den Thron des Re setzen, denn Du bist wahrlich Re, der von Mut her kommt". Der König begrüßt sie: „Du bist Mut, die jeden Tag Re neu gebiert."

Jeder evoziert im andern die höchste Seinsebene. Der Kopfschmuck der Königin, die Geierhaube, zeigt sie als Göttin Mut, als das weibliche-kosmische Bewusstsein, die Shakti der Manifestationen und zugleich das heraldische Symbol der schwarzen Erde Ägyptens.

Wir sehen den Gott-König, wie er, neben ihr auf dem Bett sitzend, ihr das heilige Ankh schenkt, den Schlüssel des Lebens, das Symbol der Unsterblichkeit, das er von Amon Re empfangen hat – dem Licht und Ursprung allen Lebens.

Die Königin nimmt sein Geschenk des Lebens entgegen und spricht den Gott als ihren Gemahl an: „Mein Gebieter, du hast deine Herrlichkeit mit meiner Majestät vereinigt, und Dein Odem durchdringt meine Glieder."

Und der Gott in ihm weissagt, dass sie zur rechten Zeit gebären wird und spricht: „Hatschepsut soll der Name der Tochter sein, die ich in Deinen Leib gepflanzt habe. Unter meinem Schutz wird sie ihre Königsherrschaft über beide Teile Ägyptens ausüben."

Thutmosis-Amon-Re verlässt die Königin, um Khnum, sein göttliches alter ego zu treffen, dem er die Schöpfung des Menschen anvertraut hat. Khnum ist erkennbar an seinem Kopf, den wir als Widder, als ‚Aries' unter den Tierkreiszeichen kennen. Und Amon-Re, in der Gestalt des Vaters, des Pharao, ersucht Khnum, den Gott des Lebens, sein Kind im Leib von Ahmose zu erschaffen: „Mache sie und ihren Körper aus meinen eigenen Gliedern und gestalte sie besser als irgend ein anderes lebendes Wesen."

130

Hier sehen wir den Schöpfergott Khnum an seiner Töpfer-
scheibe sitzend, wie er die zukünftige Herrscherin Ägyptens
erschafft. Auf der Scheibe steht das Kind und sein Doppelwesen:
eines sichtbar, der physische Körper, das andere, der feinstoff-
liche, subtile Leib, für die Menschen unsichtbar. Beim Drehen
der Scheibe des Lebens äußert der Gott den Spruch: „Ich verleihe
dir Gesundheit, Kraft und Glück: Ich werde dich ruhmreich auf
dem Horusthron erscheinen lassen, so wie es dein Vater Re, der
Sonnengott, geboten hat."

Hier nähert sich Thoth der Königin in der Gestalt des heiligen Ibis und verkündet ihr, dass er als Bote des Amon-Re gekommen sei. Der Gott, so sagt er, ist über sie erfreut und versichert ihr, dass sie gesegnet ist mit einem Kind, das nach ihr in Ägypten Königin sein wird.

Nun ist die Zeit für die Geburt gekommen. Die Götter führen die Königin zu einem besonderen Entbindungsraum im Geburtshaus des Tempels Amon-Re.

Die beiden für die Erschaffung des Kindes zuständigen Gottheiten sind der widderköpfige Khnum und Hequet, die froschköpfige Göttin der Geburt.

Mit dem Eintritt in das Geburtshaus, das wir hier wie einen heiligen Bezirk von Flammen göttlichen Schutzes umgeben sehen, begibt sich die Königin in die Obhut des Oberpriesters. Die Niederkunft erfolgt auf einer großen Liege. Alle großen Gottheiten, deren Aufgabe die Fürsorge für Gebärende ist, stehen bereit. Isis und Nephtis, Hequet und Meshenet sind als Musikerinnen anwesend, [ihre schönen Vibrationen helfen Mutter und Kind].

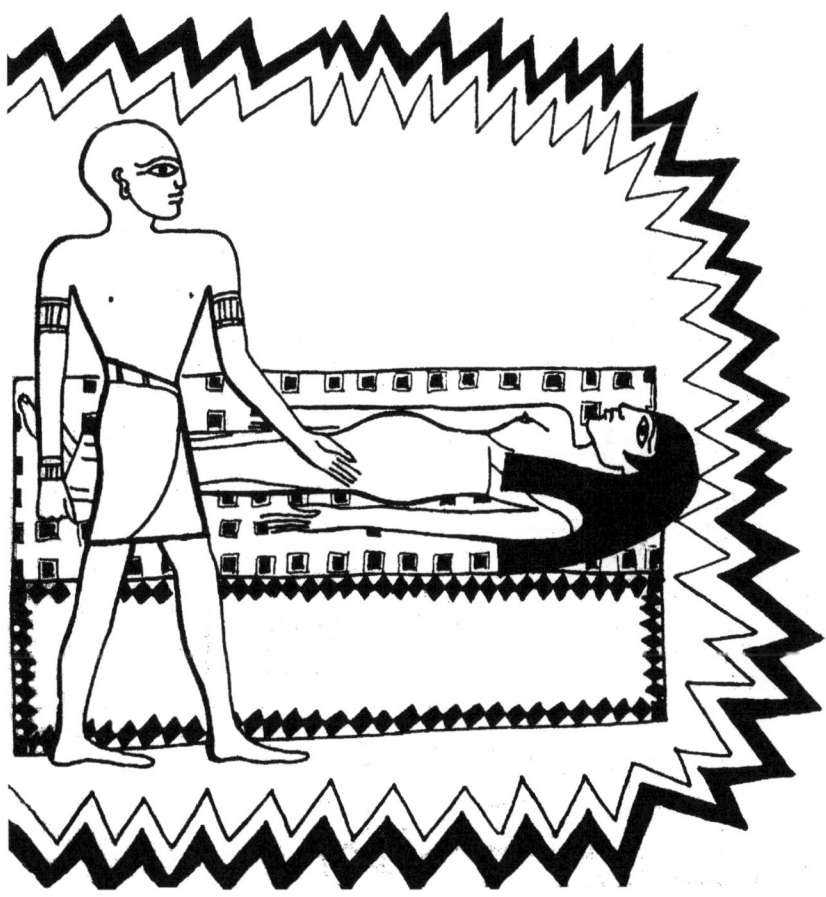

Bei so viel Unterstützung und Aufmerksamkeit hat Ahmose eine leichte Geburt und wird hier mit dem Kind in ihren Armen gezeigt. Diese Begegnung zwischen Mutter und Neugeborenem von Angesicht zu Angesicht ist ein feierlicher Augenblick, und alle hieratischen Attribute sind weggelassen.

Wie in den Märchen vieler Länder sehen wir hier die sieben großen Muttergöttinnen Ägyptens rund um das Kind versammelt.
In der Mitte sitzt Meshenet mit dem Kind auf dem Schoß. Sie ist
die leitende Göttin bei der Geburt und ihr Kopfschmuck zeigt
einen Geburtsziegel. Auf solch einem Ziegelstein sitzt die Mutter
während des Gebärens, aus ihm sprießen zwei Spiralen hervor,
Sinnbilder von Involution und Evolution, Werden und Vergehen,
Geburt und Tod.

Um sie herum stehen die übrigen Göttinnen, um der Reihe
nach dem Kind ihre göttlichen Gaben darzubringen: Gesundheit,
Wohlstand, Kraft, Schönheit, Anmut, Weisheit und Freude.

Nun kommt ein wichtiger Augenblick; das Kind wird seinem Vater gezeigt. In dieser triumphalen Stunde erscheint die Mutter als Göttin Hathor. Gekrönt mit der Sonne der Wahrheit und mit Hörnern, [die ein Durchstoßen in höhere Bewusstseinsebenen symbolisieren], hält sie Hatschepsut ihrem Vater, dem Pharao hin, der hier wieder mit Amon-Re identisch ist.

Wie dieses göttliche Kind dann unter dem Schutz und in der Gegenwart der großen Götter heranwuchs, wie diese es Selbst-Gewahrsein lehrten, wie die junge Prinzessin im Nilstrom ein Körbchen mit einem Kind fand, das sie – nach ihrem Vater Thutmosis und ihrer Mutter Ahmose – Moses nannte, und wie sie später die größte Königin Ägyptens wurde und das Land zweiundzwanzig Jahre lang in Frieden und Weisheit regierte, ist eine andere Geschichte.

Für jene, die hinter den vergessenen Symbolen
das Wirken von Seelenkräften
zu sehen vermögen,
und die bereit sind, sich der gleichen Disziplin zu unterwerfen
und nach gleicher Intensität der Selbstwahrnehmung
als göttliche Werkzeuge streben,
und die sich wie die Eltern Hatschepsuts
inspiriert fühlen,
der Welt ein Goldenes Kind zu schenken,
haben wir hier die alte Geschichte
von der wundersamen Geburt der großen Königin
Hatschepsut,
so wie sie vor 3500 Jahren in den Reliefs
des Tempels von Deir al Bahari dargestellt wurde,
abgezeichnet und gedeutet.

Das Vereinigen der beiden Reiche
die Hieroglyphe am Thron des Pharaos

Das Vereinigen der beiden Reiche
die Hieroglyphe am Thron des Pharaos

Am Thronsitz des Pharaos war stets eine Hieroglyphe eingraviert oder aufgemalt: Der Ägyptologe Lanzone[1] übersetzt sie mit: „das Vereinigen der beiden Reiche". Wir sehen eine Papyruspflanze und eine Lotuspflanze, die in der Mitte mit einer Schlaufe zusammengebunden sind.

Die Papyruspflanze (Binse), die vor allem im Nildelta Unterägyptens wuchs, und die Lotospflanze, die besonders in Oberägypten kultiviert wurde, waren die Wappenpflanzen für diese zwei Länder. Beide Reiche soll der Pharao vereinen und regieren. Bei jeder Königskrönung wurde deshalb das „Vereinigen der beiden Reiche" in einer Zeremonie feierlich wiederholt.

Hinter dieser rituellen Handlung steht noch eine tiefere Bedeutung:

Mit Hilfe von Papier – in fruherer Zeit einer Papyrusrolle, die aus der Papyruspflanze Unterägyptens gemacht wurde – geben wir erlerntes Wissen, Buchwissen weiter. Deshalb steht die Papyruspflanze auch für Dinge, Fakten, für die *äußere* Welt mit ihren Ereignissen.

---

1   Lanzone, *Dizionario*, III, 934.

Der Lotus, der aus den Gewässern des Lebens ans Licht empor-
wächst, symbolisiert das intuitive Wissen, das Wahrnehmen
durch Identifikation, das Kennen der *inneren* Welt.

Beide Arten des Wissens sind wichtig und wollen geübt und
vereint werden. Beide „Reiche" musste ein Pharao kennen, beide
Wirklichkeiten vereinen.

Wenn auch wir – psychologisch gesehen – König in unserem
Königreich sein wollen, müssen wir dieselbe Übung auf uns nehmen. Nur jener kann sich wahrhaft auf den Thron setzen, der die
innere und äußere Wirklichkeit integriert hat. Dieser Thron ist
unser wahrer Sitz des Bewusstseins.

Es gibt eine Aussage von Jesus im Thomasevangelium (Logion
106), die ganz zu dieser Hieroglyphe, bzw. zu der in ihr enthaltenen psychologischen Übung passt:

„Wenn ihr die zwei zu einem macht, werdet ihr Söhne des
Menschen werden."[1]

Sohn (oder Tochter) des Menschen zu werden, bedeutet,
über den rationalen Menschen, der alles in Gegensätze teilt
(der Mensch hier, Gott dort), hinauszugehen in ein intensiveres
Bewusstsein, in welchem die „zwei" als sich ergänzend, sich
durchdringend, als zwei Aspekte des „Einen" wahrgenommen
werden. Bewusstsein ist ein zusammenhängendes Ganzes; alles
ist mit allem verbunden – deshalb ist auch die Schlaufe auf dem
ägyptischen Symbolbild ein wichtiges Detail.

---

1   zu Logion 106 im Thomasevangelium siehe auch S. 154

Das Thomasevangelium,

das im Sand vergraben lag

Wenn ihr

euch selbst

erkennt,

werdet ihr

erkannt werden

Thomasevangelium,
Logion 3

Das Evangelium aus dem Untergrund

Im vorliegenden Essay wollen wir der Frage nachgehen, ob Jesus, der als Stifter der christlichen Religion gilt, wirklich an den Gott der Juden glaubte – oder an irgendeinen Gott in einem Himmel – und so die Wirklichkeit in eine Welt hier unten und einen Himmel dort oben aufteilte. Die Verfasser der vier Evangelien sind offenbar dieser Ansicht, und die katholische wie die protestantische Kirche, die ihre Lehren im Wesentlichen aus diesen Evangelien ableiten, folgen dieser Auffassung. Natürlich standen die Evangelienschreiber unter dem Einfluss des vorherrschenden jüdisch-religiösen Empfindens jener Zeit, wie auch unter demjenigen der volkstümlichen griechischen und ägyptischen eschatologischen Glaubensvorstellungen. Ihre Schriften spiegeln die Gefühle und den Glauben gewöhnlicher Menschen wider – Sklaven, Kaufleute, Handwerker, Soldaten –, die in der Welt einer hierarchisch gegliederten Gesellschaft voll von Teilung, Feindschaft und Uneinigkeit lebten. Für den einfachen Menschen, dessen geistiges Fassungsvermögen ihm eine tieferreichende Vision verwehrte, war diese Teilung die Wirklichkeit, die Wahrheit. War Jesus auch dieser Auffassung, oder gibt es Beweise für das Gegenteil? War er ein Dualist, einer, der an zwei Wirklichkeiten, zwei Welten glaubte: diese hier unten und eine andere dort oben? Oder war er ein Monist, ein Mensch, für den die Wirklichkeit ein einziges ungeteiltes Ganzes ist – einer, für den Materie, Vitales, Mentales, Übermentales und das, was Seele oder Geist genannt wird, lauter Aspekte, Ausdrucksweisen, Funktionen einer umfassenden Einheit (Ganzheit) sind?

Jesus und das Eine

Natürlich musste er gegenüber seinen Zuhörern sein Wissen in den vertrauten Bildern ihrer Umgebung ausdrücken. Er musste die Formulierungen und Symbole verwenden, die für die Bauern und Fischer unter denen er lebte, annehmbar waren, denn sonst konnte er nicht hoffen, irgendetwas zu bewirken. Die Konzepte mussten einfach, die Argumente konkret sein: die Wahrheit musste in eine Form gekleidet werden, die dem Aufnahmevermögen seiner Hörerschaft angepasst und entsprechend beschränkt war. Doch hatte seine Umgangssprache zur Folge, dass seine Botschaften im Sinne eines dualistischen Glaubens gedeutet wurden. So mag es eine Fülle von Textstellen geben, mit deren Hilfe man die Annahme einer dualistischen Weltsicht stützen könnte; doch wir können nicht sicher sein, dass es sich um eine korrekte oder vollständige Interpretation handelt, solange es ein einziges Beispiel gibt, das für eine monistische Auffassung spricht, insbesondere, wenn eine entsprechende Aussage an einen Jünger gerichtet ist, dessen Bewusstsein weit und reif genug war, die unvertraute „mystische" Aussage des Einheitsdenkers zu erfassen.

Um wirklich Christ zu sein, muss man die vollständige Wahrheit, die Jesus war, verstehen, muss den wahren Menschen und seine Lehren erkennen. Jesus selbst hinterließ nichts Schriftliches; wir sind also auf die Überlieferungen seiner Zeitgenossen und deren Auslegung seiner Botschaft angewiesen.

In diesem Licht erscheint es zweifelhaft, dass die vier von den Kirchen akzeptierten Evangelien und die darauf aufbauenden Lehren die volle Wahrheit enthalten, die Jesus verwirklichte und in die Welt brachte. Es gibt zwar in diesen vier Evangelien viele Stellen, die darauf hinweisen, dass Jesus Monist war. Den meisten Christen sind wohl die Aussagen im Johannesevangelium vertraut, welche die Wirklichkeit aus monistischer Sicht erklären, wie z. B. die berühmte Stelle (Joh. 17,22): „Ich habe die Herrlichkeit, die du mir gegeben hast, ihnen gegeben, damit sie eins seien, gleich wie wir eins sind", oder in Joh. 10,38 „In mir ist der Vater und ich bin im Vater", oder im 1. Johannesbrief (4,16): „Gott ist die Liebe, und wer in der Liebe ist, der ist in Gott und Gott ist in ihm."

Über diese bekannten monistischen Worte hinaus gibt es noch eine ganze Sammlung weiterer monistischer Aussprüche von Jesus, die aber die Kirche als apokryphe Worte Jesu unter den Tisch fallen ließ und nicht in den Kanon des Glaubens aufgenommen hat.

Im vorliegenden Essay wollen wir uns auf Aussagen aus dem Thomas-Evangelium konzentrieren und werden ausschließlich diese kommentieren.

Welcher Art ist dieses Thomas-Evangelium, das offiziell als „apokryph", als nicht-authentisch gilt, und das nicht in den neutestamentlichen Kanon aufgenommen wurde?

600 verschollene Evangelien

Der Evangelist Lukas legt in seiner Einleitung eigens dar, dass sein Werk auf einigen älteren Schriften basiere, und dass er das Vorhandensein noch weiterer voraussetze, die er jedoch nicht berücksichtigt habe. Heute kann ein Evangelium nach seinem Gehalt beurteilt werden ohne Furcht oder Abhängigkeit von Entscheidungen oder Beschlüssen, die von Kirchenvätern während der vergangenen Jahrhunderte getroffen worden sind.

Die Herausbildung des Kanons war eher ein Prozess des Ausschließens als einer des Miteinbeziehens.

Die Wünsche der geschäftigen Organisatoren der Kirche vertrugen sich nicht immer mit einer historischen oder semantischen Forschung nach dem wahren Jesus. Die ganz frühen Evangelien verschwanden mit der Zeit und hinterließen nur wenige Spuren. Die eigentlichen Worte von Jesus wurden aus dem Umlauf gezogen oder als häretisch verurteilt; stattdessen wurden an ihrer Stelle – vom Einheitsbewusstsein her gesehen – typisch

„unchristliche" Vorstellungen in das Dogma aufgenommen: Gott oben im Himmel, das Jüngste Gericht, die Erbsünde, für jeden Getauften ein ewiges Leben im Himmel, die Auferstehung der Toten und die Wunderheilungen – all dies war populärer als seine einfache Lehre:

Wenn ihr zwei zu einem macht, werdet ihr Söhne des Menschen werden. [1]

Logion 106

Offensichtlich verlangt diese einfache, tiefe, aber revolutionäre Denkweise zu viel von einem gewöhnlichen Menschen, und eine mediterrane Kultur jungsteinzeitlicher Ackerbauer war geistig oder gefühlsmäßig vielleicht noch weniger bereit, sie anzunehmen als ihre altsteinzeitlichen Vorfahren. Das Beste, was der gewöhnliche Mensch tun konnte, war einzugestehen: ja, Jesus mag eins mit Gott gewesen sein, doch was mich betrifft, wie kann ich armer sündiger Mensch eins sein mit Gott?

So wurde die Lehre vom Einssein im Sand der Zeiten begraben.

Im Jahre 1945 aber ist, wie durch ein Wunder, eines der verloren gegangenen Evangelien – das Thomasevangelium – wieder ans Licht gekommen. Ist jetzt auch für die Menschheit die Zeit gekommen, sich des großen Einseins von allem mit allem wieder bewusst zu werden? Oder wird eine künftige Generation über uns sagen, was Jesus über seine Jünger sagte:

Ihr habt den vor euch lebenden Einen beiseite gelassen und sprecht von den Toten.

Logion 52

In der christlichen „Enzyklopädie der Religion und Ethik" heißt es, dass der wirkliche Prozess, durch den unsere vier Evangelien ihre gegenwärtige Vorrangstellung bekommen haben, im Dunkeln liege – so sehr im Dunkeln, dass nur ein ‚Wunder' die

Dunkelheit erhellen konnte. Als im Laufe der ersten Jahrhunderte nach Christus im Mittelmeerraum etwa 600 verschiedene Evangelien erschienen waren (jeder Bischof besaß sein eigenes und hielt diejenigen der anderen Bischöfe für häretisch), berief 680 n. Chr. Kaiser Konstantin IV, um die Einheit und den Frieden in seinem Reich besorgt, ein Konzil nach Konstantinopel ein, das zu bestimmen hatte, welche Evangelien in Zukunft in der Kirche gelesen werden durften.

Während der Verhandlungen gerieten sich jedoch die heiligen Väter in die Bärte, so dass die Prätorianergarde herbeigerufen werden musste. Man beschloss, die Auswahl der Evangelien dem ‚Heiligen Geist' zu überlassen.

Jeder Bischof legte nun seine Evangelienrolle auf den Altar, bis dieser mit etwa 500 Rollen beladen war, dann schloss der diensthabende Centurio der Garde den Raum. Am nächsten Morgen, siehe da, fand man nur noch die drei synoptischen Evangelien auf dem Altar; die übrigen waren auf den Boden gerollt. Hatte man etwa, um dem Heiligen Geist die Arbeit zu erleichtern, die Fenster offen gelassen?

Die verbotene Wahrheit

Diese heute offiziellen Evangelien weisen große Lücken auf und lassen z.B. offen, warum Jesus eigentlich vom Hohen Rat der Juden zum Tode verurteilt wurde. Denn im Gegensatz zur allgemeinen Meinung war die Aussage von Jesus, Gott sei sein Vater, noch ganz im Rahmen der jüdischen Religion. Jehova seinen Vater zu nennen, war vielleicht kühn für einen strenggläubigen Juden, vielleicht sogar anmaßend, aber nicht etwas, wofür man zum Tode verurteilt werden konnte.

Auch die römischen Soldaten sprachen von Vater Zeus, Jupiter und Marspiter (=Vater Mars), die germanischen Soldaten vom ‚All-Vater'. Caesar selbst galt als Sohn der Venus. Der Schritt, mit dem Jesus über die Grenzen mediterranen religiösen Empfindens hinausging, war etwas, was kein jüdischer Mystiker tun und sich noch Jude nennen konnte. Es war der Anspruch auf direktes Einssein, auf seinsmäßige Identität mit Gott. Weil er von diesem bedingungslosen Einssein von allem mit sich und von allem mit Gott sprach, musste er am Kreuz sterben.

Wenn Jesus zu Pilatus gesagt hätte, er sei der Sohn Gottes, dann hätte der pragmatische Pilatus, der Nichtmystiker, wahrscheinlich gelächelt und ausgerufen:

„Also noch einer! Wir haben doch schon so viele Söhne Gottes unter uns. Jeder Kleinkönig innerhalb und außerhalb unseres Imperiums erhebt Anspruch darauf."

Doch wenn Jesus ihm erzählt hätte, was er zu Salome gesagt hatte, etwas wie:

„Ich bin Er, ich bin das All", dann hätte auch der freundlichste römische Statthalter den Schluss gezogen: „Dieser Mensch ist verrückt", hätte seine Hände gewaschen und ihn dem Hohen Rat zur Beurteilung ausgeliefert. Für den Hohen Rat aber ging solch eine Aussage weit über die Grenzen des in der jüdischen Frömmigkeit Erlaubten hinaus. Solch einen Ausspruch konnte der Hohe Rat nicht durchgehen lassen, wenn er nicht den sicheren Untergang des jüdischen Weges heraufbeschwören wollte, der – und das ist bis heute so geblieben – auf dem extremen Dualismus aufbaut: Gott und Mensch für immer zwei.

Der Islam, der diesen Dualismus später übernahm, musste in gleicher Weise reagieren. Jeder Sufi mit ähnlichen inneren Erlebnissen, wie Jesus sie gehabt hatte, wurde wie er gekreuzigt. Als letzter einer großen Zahl von Märtyrern des Bewusstseins, man schätzt ihre Zahl auf 30000, starb Bab, der Gründer der Bahais, 1850 in Täbris.

Das Evangelium des Einsseins nach Thomas

Über ein Jahrtausend lang stützten sich die abendländischen Kirchen auf den Wortlaut der drei verkürzten, verkümmerten, korrupten und zensierten, aber synoptischen Evangelien, denen ein viertes mit einigen gnostischen Zügen – das Johannesevangelium – hinzugefügt wurde.

Doch Mitte des 20. Jahrhunderts ereignete sich plötzlich etwas völlig Unerwartetes in der Geschichte der christlichen Religion.

Als in Ägypten im Jahre 1945 die Schießereien des Krieges eine Zeitlang aufhörten, wurde im trockenen Sand eines Grabes in der Nähe von Nag Hammadi eine gut erhaltene und umfangreiche Anthologie der Worte Jesu gefunden, die über sechzehn Jahrhunderte lang verschollen gewesen war. Sie war weder dem Zahn der Zeit, noch irgendwelchen Änderungen wohlmeinender Abschreiber, Kommentatoren oder Übersetzer ausgesetzt gewesen. So kann sie heute jedermann in all ihrem Glanz authentischer Größe lesen und würdigen.

Dieses seiner Sprache nach koptische Dokument geht auf griechische fragmentarische Urtexte (die vier Oxyrhynchos-Papyri aus der Zeit um 100-200 n. Chr.) zurück, einige der frühesten, die mit dem Neuen Testament in Verbindung stehen.

Das Evangelium beginnt mit einem Vorwort, in dem seine Aufzeichnung dem Apostel Thomas zugeschrieben wird.

Wer war dieser Thomas?

Sein voller Name war: Didymos Judas Thomas (Didymos im Griechischen, und Thomas im Hebräischen bedeutet „der Zwilling") – der gleiche Thomas, von dem im Johannesevangelium (Joh. 20,23) erzählt wird, dass er den Bericht von der leiblichen Auferstehung nicht glauben wollte, wohl deshalb nicht, weil er den innen wahrgenommenen, lebenden Einen kannte.

Es heißt, dass Thomas *innen* war und ihm begegnete, und dass Jesus kam, als die Türen verschlossen waren; nicht innen in einem Haus, wie die Schriftgelehrten zu glauben scheinen, sondern in einem inneren Bewusstseinszustand, in dem die Türen der Sinne verschlossen sind. Diese Fähigkeit, in sich hineinzugehen, erklärt, warum Thomas einen Jesus kannte, der von den anderen Evangelien-Schreibern und Übersetzern so nicht wahrgenommen werden konnte, und der deshalb von ihnen nur in unvollständiger, verstümmelter Weise dargestellt wurde.

Das Logion 13 des Thomasevangeliums stellt uns Thomas näher vor:

Jesus sprach zu seinen Jüngern: „Sagt mir, wem ich gleiche...."
Simon Petrus (*der Fischer aus Galiläa und der orthodoxeste Jude unter ihnen*) sagte zu ihm: „Du gleichst dem Engel der Gerechtigkeit."
Matthäus (*der griechisch gebildete Beamte*) sagte zu ihm:
„Du gleichst einem Philosophen (*philosophos*)."
Thomas aber (*unser Thomas, der Mystiker unter ihnen*), sagte zu ihm: „Meister, mein Mund ist nicht fähig auszusprechen, wem du gleichst".

Da sagte Jesus zu ihm:
Ich bin nicht [mehr] dein Meister, da du getrunken hast und trunken bist von der sprudelnden Quelle, die ich ausgemessen habe.

Logion 13

Die sprudelnde Quelle ist ein Symbol für die Gnosis, das Wissen, die Einsicht, die immer auch mit Seligkeit verbunden ist. Das Wissen aus dieser Quelle trinkt man unmittelbar, und das ist ganz und gar nicht dasselbe wie jenes Wissen, das man sich aus Büchern aneignet.

Im Text heißt es weiter:

„Und er nahm ihn beiseite, und sie zogen sich zurück. Und er sagte ihm drei Worte…"

Welches diese drei Worte waren, wird im Evangelium nicht gesagt, aber sie müssen bedeutungsvoll gewesen sein, und wir kennen Jesus nicht gänzlich, solange wir sie nicht kennen.

Wie bedeutungsvoll sie aber für Thomas waren, kann man unschwer aus den folgenden Sätzen ableiten:

Als Thomas zu seinen Gefährten zurückkehrte, fragten sie ihn, „Was hat Jesus zu dir gesagt?" Thomas antwortete ihnen: „Wenn ich euch erzählen würde, was er zu mir gesagt hat, würdet ihr mich steinigen." Demnach können diese drei Worte kaum etwas über Jesus selbst ausgesagt haben, wie „Ich bin der Sohn Gottes" oder ‚Ich bin der Messias der Juden' oder ich bin ‚der Erlösergott des Römischen Reiches'.

Was Jesus sagte als Fortsetzung zu den Worten „Ich bin nicht dein Meister…" muss etwas gewesen sein wie die berühmten drei Worte des Vedanta *Tat twam asi"*: „Das bist du" oder „Ich bin Du", oder „Du und ich sind eins" oder „Alles ist eins" oder „Du bist mir gleich" – drei Worte, die für die anderen Jünger oder die spätere Kirche tief schockierend gewesen wären, die wir aber wiederfinden können, wenn wir ebenfalls aus der „sprudelnden Quelle" des lebenden Einen trinken, wenn auch wir die Einheit des Seins als ein tiefes seelisches Erlebnis erfahren, von dem wir „trunken" werden.

Es ist übrigens gar nicht erstaunlich, dass dieser selbe Thomas sein Evangelium der Einheit später in Indien predigte, in einem Land, in dem er das Einssein von Gott und Mensch verkünden konnte, ohne gesteinigt zu werden, und wo er sogar verstanden wurde.

Die 114 Logien

Die 114 von Thomas gesammelten Logien oder Aussprüche Jesu lesen sich ganz anders als die späteren Evangelien, welche die Kirche zur Grundlage ihrer Lehre gemacht hat. Hier liegen uns unmittelbar die Lehren von Jesu selbst vor, der keine Absicht hatte, Gründer einer Volkskirche zu werden. Hier gibt es keinen Vater im Himmel, keine Heilungen, keine Wunder, und vor allem keinen Tod am Kreuz, stattdessen eine kontinuierliche Aufzeichnung der Aussagen Jesu über die Einheit des Seins.

Seine Jünger fragten ihn: „Wann wird

das Königreich

kommen"? Und Jesus sagte: „Es wird nicht kommen, indem man darauf wartet. Man wird auch nicht sagen: ,Siehe, hier kommt es!'

Das Königreich ist über die Erde ausgebreitet, und die Menschen sehen es nicht.

Logion 113

Was ist dieses Reich, von dem Jesus so oft spricht? Für die Kirchen, die sich nach den offiziellen Evangelien richten (oder vielmehr für die Evangelien, die sich nach den Gründern der Kirche richten), ist das Reich das jenseitige Reich Gottes oder das Himmelreich.

Doch im Thomasevangelium ist schlicht die Rede vom ,Königreich' oder ,Reich':

„Wenn aber die, die euch führen, zu euch sagen: Seht, die Herrschaft ist im Himmel, so werden euch die Vögel des Himmels

zuvorkommen; das Königreich ist innerhalb und außerhalb von euch..."

Logion 3

Und es gibt nur einen Weg, um hineinzukommen:

„Erkenne dich selbst!"

Logion 3

Jesus sprach:
Wer die Welt erkennt, doch es versäumt, sich selbst zu erkennen, dem fehlt alles.

Logion 67

Wie können wir uns selbst erkennen? Schön und klar lautet die Antwort:

Wenn ihr euer Bild in einem Spiegel seht, freut ihr euch. Wenn ich euch aber euer wirkliches Bild [eikon] zeige, das vor euch entstanden ist und nicht vergehen kann, werdet ihr das ertragen?

Logion 84

Wer regiert dieses Königreich? Irgendein Wotan, Zeus oder Jehova? Nein, nicht in der Welt des Einsseins. Du selbst als der alles integrierende, lebende Eine bist König (kannst oder sollst Meister deines Seins werden).

Wenn ihr *das* in euch hervorbringt, wird das, was ihr habt, euch retten. Wenn ihr das nicht in euch habt, dann wird das, was ihr nicht in euch habt, euch töten.

Logion 70

Hier ist das ‚das' wieder mit dem Sanskritwort „tat" identisch, der großen Einheit des Rig Veda (10.129.2). Keine andere Kraft ist so stark wie diese einfache Gewissheit, dass alles miteinander verbunden und eins ist.

Jesus sagte:
Wenn zwei miteinander in ein und demselben Haus Frieden machen, können sie zum Berg sagen: Hebe dich hinweg! Und er wird sich hinwegheben.

Logion 48

Der Berg ist hier Symbolbild für das Ego, für Hindernisse, für Schwierigkeiten, auch für Unwissenheit und Tod.

Das Haus ist ein Symbol für das, was wir unser Ich, unsere Person, unser Wesen nennen. (Der Name ‚Pharao' im alten Ägypten hieß *großes Haus*). In unserem ‚Haus' walten viele, oft widersprüchliche Energien und Kräfte (Teilpersönlichkeiten), die von unterschiedlichen Bewusstseinsebenen (Stockwerken im Haus) kommen.

Das Symbol Haus kommt auch in Logion 16 des Thomasevangeliums vor, wo Jesus sagt:

„ ...denn fünf werden sein in einem Haus; *drei* werden sein gegen *zwei*, und *zwei* gegen *drei*, der *Vater* gegen den *Sohn* und der *Sohn* gegen den *Vater*, und sie werden dastehen als ein *einziger*."

Logion 16

Hier sind es also zuerst fünf in einem Haus, dann ein einziger. Was ist damit gemeint?

Laut Sri Aurobindo gibt es fünf verschiedene Bewusstseins-Strukturen, die in uns, in unserem ‚Haus' (Symbol für unser Wesen) wirken: die physische, die vitale, die mentale Struktur – und die übermentale und die supramentale Struktur (die letzten beiden uns meist noch nicht bewusst). Die ersten drei zählt Sri Aurobindo zur unteren Bewusstseins-Hemisphäre, die zwei letzteren zur oberen Hemisphäre; es entspricht den *drei* und den *zwei* (in Logion 16), bzw. den Symbolen *Sohn* und *Vater.* Zuerst scheinen diese verschiedenen Wesensaspekte in uns getrennt und im Streit miteinander zu sein, doch sie werden „dastehen als ein einziger". [2]

Der Weg dazu heißt: beobachten, was in uns vorgeht, wahrnehmen, von welcher Bewusstseinsstruktur eine Bewegung, eine Regung kommt, sich identifizieren (oder, wenn nötig, disidentifizieren), integrieren, sich zugleich als eine Vielheit und eine Einheit (Ganzheit) erkennen.

Wer Ohren hat zu hören, der höre.

Logion 8

Thomas hatte solche Ohren, und die Worte, die er empfing und bewahrte, waren jene, die Jesus zu den Mystikern und Yogis kommender Jahrhunderte sprach, zu den Menschen, die das Einssein realisiert haben, zu den Monachoi, wie Jesus sie nannte. Auf welcher Seite stand er, wenn er von den Schriftgelehrten, den Grammateus als denjenigen sprach, die „die lebendige Einheit des Seins vergessen und über die Toten sprechen", und wenn er sie als Hunde bezeichnete, die im Futtertrog liegen und selbst nicht fressen und auch den Hungrigen nicht zu essen erlauben? [3]

Der Weg zu diesem Wissen, zu dieser Gnosis – das wiederholt Jesus immer und immer wieder – ist Metanoia.

Metanoia,

dieses wunderbare und bedeutungsvolle griechische Wort, das sich zusammensetzt aus:

‚Meta' = *darüber hinaus, jenseits,* und *‚Nous'* = *Verstand, Gedankenaktivität,* wird leider nicht mehr als „über die Gedankenaktivität

hinausgehen" verstanden, sondern kühn mit *„die Sünden bereuen"* übersetzt.

Welchen Stellenwert hatte denn die Vorstellung von der Sünde in der Welt des Einsseins von Jesus, so, wie sie Thomas aufgezeichnet hat?

Sie kommt ganz einfach nicht vor. Im gesamten Evangelium wird die Sünde nur wenige Male und immer mit Ironie erwähnt.

Trotzdem ist die Sünde zum Grundstein unserer etablierten Kirche, der katholischen wie auch der protestantischen, geworden. Es gibt kaum ein theologisches Buch, in dem man nicht lange Abhandlungen über die Sünde fände; doch man findet keinen Hinweis auf das Wissen des Einsseins und das der ‚Metanoia' (des über das rationale Verstandes-Denken Hinausgehens), von der Jesus spricht. Thomas aber unterstreicht gleich zu Beginn die Wichtigkeit der Gnosis, d.h. die Wichtigkeit, die Einheit des Seins zu finden:

Wer sucht, der soll nicht aufhören zu suchen, bis er findet, und wenn er findet, wird er erschüttert sein, und wenn er erschüttert worden ist, wird er herrschen über das All.

Logion 2

Der eine Fisch

Die frühen Christen hatten ein Zeichen, an dem sie einander erkannten, mit dem sie ihre Versammlungsorte und Gräber kennzeichneten und sogar ihre Häuser, wenn sie nicht gerade wieder einmal verfolgt wurden. Das war der Fisch. Von späteren Christen sind verschiedene Hypothesen über die Bedeutung des Fisches aufgestellt worden. Wir erfahren, dass das griechische Wort für Fisch, *ichthys*, eine Abkürzung sei für Iesus Christos Theou Hyios Soter, d.h. Jesus-Christus-Gottes-Sohn-Retter. Es liegt auf der Hand, dass dieses Akronym später erfunden wurde, als nämlich die wahre Bedeutung des Fischsymbols bereits in Vergessenheit geraten war, genauso wie das Thomas-Evangelium.

In den vier Evangelien der Kirche ist häufig die Rede von Fischen und Fischern, doch ohne eine befriedigende Erklärung, weshalb dieser einzelne Fisch zum Kennzeichen der Christen untereinander wurde.

Im Thomas-Evangelium, und nur in diesem, finden wir den Hinweis auf diesen einen Fisch und eine Erläuterung dazu.

Der Mensch gleicht einem weisen Fischer, der sein Netz ins Meer warf und es voll kleiner Fische aus dem Meer zog. Unter ihnen fand er einen großen Fisch. Er warf all die kleinen Fische zurück ins Meer, der weise Fischer, und wählte den großen Fisch ohne Bedenken.

Logion 8

Wie man die vielen kleinen Fische, die sich im Netz unserer Sinne verfangen haben, hinauswirft, und bloß den einen großen behält, das ist ein Programm für Mystiker und Yogis. Die frühen Christen versuchten mit allen Mitteln diesen *einen* Fisch zu behalten und malten ihn in ihrer heidnischen Umgebung auf die Wände, um anzuzeigen, dass hier ein ‚Fischer' wohnte oder vorbeigekommen war, der ohne Zögern den einen großen Fisch vorgezogen hatte.

Die Theologen aber warfen später den einen großen fort und behielten lieber die vielen kleinen.

Eine Variante des Gleichnisses vom einen, großen Fisch finden wir im Gleichnis von

der einen Perle.

Jesus sagte:
Das Königreich gleicht einem Handelsmann, der viele Waren hatte, und der eine Perle sah. Jener Händler war klug, er verkaufte die Waren und kaufte sich die *eine* Perle.

Logion 76

Eine weitere Variante liegt vor im Gleichnis vom Hirten und

dem einen Schaf.

Jesus sagte:
Das Königreich gleicht einem Hirten, der hundert Schafe hatte. Eines von ihnen, das größte, verirrte sich. Der Hirte verließ die neunundneunzig und suchte nach dem einen, bis er es fand. Nachdem er sich abgemüht hatte, sagte er zu dem *einen*: Ich liebe dich mehr als die neunundneunzig.

Logion 107

Nicht nur sollen wir das Eine mehr lieben als alles andere, sondern auch wir selbst sollen in unserem Wesen ungeteilt sein, aus *einem* Stück.

Monachos

Das Wort *monachos*, das häufig im Thomas-Evangelium vorkommt, ist eines der Schlüsselworte für das Verständnis der Botschaft Jesu.

Jesus sagte:
**Viele stehen an der Tür, die *Monachoi* aber sind es, die ins Braut-
gemach eingehen werden.**

Logion 75

Wer sind diese Monachoi?

Im Deutschen wird das griechische Wort „monachos" gewöhnlich mit dem Wort Mönch wiedergegeben, das etymologisch
zweifellos direkt von ihm abstammt. Doch meinte Jesus, wenn
er von einem Monachos sprach, wirklich jemanden, der ein abge-
schiedenes Leben führte und sich dazu in die Wüste zurückzog
– den Einsiedler, den Klausner? Wenn wir den ersten christlichen
Mönchen in der ägyptischen Wüste nachforschen, so waren diese
nicht Monachoi im landläufigen Sinne, einsame Eremiten, sondern vielmehr ‚Koinobitai' (von Koinobia) mit gut organisiertem
Gemeinschaftsleben mit gemeinsamen Andachtsübungen.

Glücklicherweise ist das alte Griechisch eine gut erforschte
und wunderbar klare Sprache, der gegenüber unsere Bibelübersetzungen häufig genug gewunden und reichlich ungeschickt
klingen. Das Wort ‚*Monas*' (aus der Wurzel ‚*monos*', eins) – Platon
gebrauchte es im Phaidon (101e) – bedeutet Einssein, Einheit des
Kosmos, und das Adjektiv ‚*monachos*' steht für etwas, das ungeteilt, nicht entzweit, nicht zerstritten, aus einem Stück ist. Die
weibliche Form *monache* ist die Bezeichnung für ein aus einem

Stück gewobenes und angefertigtes Gewand ohne Naht, wie es Jesus der Überlieferung nach trug.

So bedeutet ‚monachos' aus dem Munde Jesu sicherlich nicht ‚der Einsamlebende', ‚monotropos', sondern der Ungeteilte, der nahtlos Eine, der Nicht-Entzweite, der integrale Mensch, der den Gipfel des Seins erreicht hat – Einssein, Befreiung.

Wenn wir das berücksichtigen, können wir verstehen, was Jesus meinte, als er sagte:

Selig sind die Monachoi, denn sie werden das Reich finden, weil sie von dort kommen und wieder dorthin gehen werden.

Logion 49

Wer noch nicht sicher ist, was Jesus mit *monachos* sagen wollte, findet weitere Hinweise in den folgenden Logien:

Seine Schüler fragten Jesus:
Belehre uns über den Ort, wo du bist; denn es ist nötig, dass wir danach suchen.
Er sprach zu ihnen:

„Wer Ohren hat, möge hören. Es ist Licht im Innern eines Lichtmenschen, und er leuchtet der ganzen Welt. Wenn er nicht leuchtet, dann ist Finsternis."

Logion 24

An anderer Stelle sagt Jesus:
Wenn sie euch fragen: „Woher seid ihr gekommen?", dann antwortet ihnen: „Wir sind aus dem Licht gekommen, von dort, wo das Licht sich aus sich selbst erschafft und sich in unserem Bild offenbart."

Logion 50

Im gleichen Logion sagt Jesus:

„Wenn man euch fragt: Was ist das Zeichen eures Vaters in euch?, sagt ihnen: Es ist Bewegung, und es ist Ruhe."

Logion 50

Bewegung und Ruhe sind für uns Paradoxe. Die Übung ist, diese paradoxalen Prinzipien als komplementäre Aspekte der *einen* Wirklichkeit wahrzunehmen und beide zugleich zu verwirklichen.

Ein Monachos zu werden, ist nicht ein Weg des Ausschließens, sondern des Miteinbeziehens: nicht Monotonie, sondern Polyphonie/Harmonie; nicht Abspaltung vom Leben („solitär"-sein), sondern Integralität; nicht ein „entweder/oder"-Denken, sondern ein „sowohl als auch"-Wahrnehmen ist gemeint.

Ein weiteres Schlüsselwort im Thomas-Evangelium ist

der lebende Eine.

Was ist gemeint mit ‚der lebende Eine'?

Offensichtlich ist er nicht tot. Er starb nicht vor 2000 Jahren an einem Kreuz in Jerusalem, wenn auch sein Leib dort hing. Er ist nicht der, den man in christlichen Kirchen noch immer am Kreuze hängen sieht.

Wer erkennt, wird den Tod nicht kosten.

Logion 19

sagte er zu seinen Jüngern.

Zudem kann er, wenn er der lebende Eine ist, nicht in irgendeinem jenseitigen Himmel sitzen, vielmehr muss er lebendig sein, und das heißt, verkörpert, inkarniert sein. Jesus sagte, dass er der *lebende Eine* und der *Sohn des Menschen* sei. (Vgl. Anmerkung 1)

„Ich werde bei Euch sein", versprach er. Schaut nach ihm also nicht unter den Toten aus. Das aber hat die Kirche fast zweitausend Jahre lang getan; sie hat sich dabei aufgehalten, die Geschichtlichkeit des Jesus von Nazareth zu diskutieren: es war wichtig, dass er an einem bestimmten Tag geboren und an einem bestimmten Tag gestorben war. Offensichtlich wurde nicht nach jemandem gesucht wie Jesus, der sagte: „Bevor Abraham war, bin ich." [Joh. 8, 58]. Und wohlgemerkt, er sagte nicht: „Ich war körperlos" oder „hatte einen glorreichen Körper". Er sagte einfach: „*...bin ich*" – in der Gegenwartsform!

Es gibt nur einen Weg, für immer der lebende Eine zu sein, und das ist, das Leben selber zu sein, sich mit allem Leben, von der Amöbe bis zu der Super-Amöbe Mensch zu identifizieren. Und deshalb sagt Jesus: „Ich bin das Leben." Er gab uns auch Hinweise, was wir zu tun haben, um das Leben zu sein – so dass wir ebenso sagen können: „Ich bin das Leben" oder „Ich bin der Weg", „Ich bin die Wahrheit".

Wir müssen uns von der Illusion befreien, ein separates ‚Ich' zu sein. Seine Lehre aber, wie man dieser lebende Eine sein kann, ist untergegangen in lauter Wundern und Bittgebeten der Kirche, die immer nur unsere Verschiedenheit, unsere Dualität betonen. Von der Herrlichkeit des Einsseins sind nur kümmerliche Überreste hier und da zu finden, die man mühsam zusammensuchen muss.

Der erste Schritt – wenn wir der lebende Eine sein wollen – besteht darin, dass wir die ‚Toten' ihre Toten begraben lassen. Konzentrieren wir uns stattdessen auf das immer seiende Leben, die lebendige Gegenwart, das Verbundensein und Einssein von allen Dingen und Wesen. Und wenn wir diese Einheit des Seins gefunden haben, gilt es, sie in allen Situationen zu realisieren, sie zu üben, sie bewusst zu sein.

Es genügt nicht, lebendig zu sein wie gewöhnliche Menschen.

Sie haben Ohren und hören nicht, sie haben Augen und sehen nicht, und deshalb sterben sie. Bis dahin sind sie weder richtig tot, noch wach, noch leben sie.

Wenn du erst einmal diese große lebende Einheit aller Dinge und Wesen geschaut und gefühlt hast, ist es nicht mehr schwer, sie auch zu werden, denn im Grunde und insgeheim bist du sie bereits. Du bist der lebende Eine. Nur durch Irrtum, durch Mangel an Einsicht hast du geglaubt, vom Ganzen getrennt zu sein, hast du geglaubt, du seiest ein Bettler in dieser Welt, sie gehöre einem Anderen, doch bist du insgeheim ein König, ein König in seinem Königreich.

Wenn du den lebenden Einen in allem entdeckt hast, bist du in dein Königreich eingetreten, und alles, was du dann tun musst, ist, nie wieder etwas in zwei zu teilen.

Das kosmische Einssein, das wir erreichen müssen und in dem Jesus lebte, wird wunderbar in Logion 77 geschildert:

Jesus sagte:
Ich bin das All. Das All ist aus mir hervorgegangen, und das All kehrt in mich zurück. Spaltet ein Stück Holz, und ich bin da. Hebt einen Stein auf, und ihr werdet mich finden.

Logion 77

Und Jesus betont, dass er dies nicht für sich allein beansprucht, wie die Kirche uns das glauben machen möchte, sondern, dass dieses Wahrnehmen der Identität mit der Ganzheit auch für jeden von uns möglich ist.

So heißt es weiter in einem Logion:

Jesus sagte:
Wer die Welt (Kosmos) **erkannt hat, hat den Leib** (Soma) **gefunden. Wer aber den Leib gefunden hat, steht über der Welt.**

Logion 80

172

Wenn wir uns mit dem ganzen „Körper" dieser Welt identifizieren können, wenn wir die gesamte Welt in ihrer Ganzheit sind, dann sind wir mehr als diese Welt, dann haben wir sie transzendiert.

In einem anderen Logion sagt Jesus:
„Sucht einen Ort für euch zur Ruhe, damit ihr nicht zu Leichnamen werdet und man euch isst".

Logion 60

Natürlich ist nicht ein Ort für den Körper gemeint (z. B. ein Sarkophag), sondern ein innerer Ort, ein Bewusstseins-Sitz, der zum Sitz unserer Kraft und Seligkeit werden kann, und der vom Tode nicht berührt werden kann, auch dann nicht, wenn unser Körper wieder zu Erde wird – immer wieder. Nicht mit unserem Körper, sondern mit diesem Bewusstseins-Sitz sollen wir uns identifizieren.

Monos

Der Eine, *monos*, der ungeteilte, nicht-entzweite Mensch, dies ist das sich immer wiederholende Thema des Thomas-Evangeliums. In endlosen Variationen, Ausspruch für Ausspruch, hören wir dieselbe Botschaft Jesu: Monos, das Eine.

Jesus sah kleine Kinder, die gesäugt wurden. Er sprach zu seinen Jüngern:

Diese kleinen Kinder, die gesaugt werden, gleichen denen, die ins Reich eingehen. Sie fragten ihn: Sollen wir also wie Kinder werden, um in das Königreich einzugehen? [4]

Jesus sprach:

Wenn ihr zwei zu einem macht, und wenn ihr das Innere wie das Äußere macht und das Äußere wie das Innere, und das Obere wie das Untere, und wenn ihr das Männliche und das Weibliche zu einem Einzigen macht, damit das Männliche nicht nur männlich und das Weibliche nicht nur weiblich sei, dann werdet ihr ins Reich eingehen.

Logion 22

Der Weg, Monos zu werden, heißt also: Bewusstwerden der verschiedenen Kräfte in sich, sie integrieren, sie ergänzen, die sogenannten gegensätzlichen Kräfte als zwei Pole derselben Ganzheit erkennen, im Gegenüber Aspekte seiner selbst wahrnehmen.

Und für den Fall, dass wir es noch nicht verstanden haben, gibt es hier noch eine weitere Aussage von ihm:

An dem Tage, als ihr eins wart, seid ihr zwei geworden. Wenn ihr aber zwei geworden seid, was werdet ihr tun?

Logion 11

Ja, was wirst du tun, wenn du Materie und Geist voneinander getrennt hast, Gott und Mensch, Körper und Seele, Gut und Böse, Himmel und Erde, dich und die Anderen?

Jesus sagte:
Es ist nicht möglich, dass ein Mensch zwei Pferde besteigt und zwei Bogen spannt, und es ist nicht möglich, dass ein Diener zwei Herren dient.

Logion 47

Was Jesus uns vorlebt, ist eine neue Wahrnehmung der Einheit des Seins „damit meine Freude in euch sei und eure Freude vollkommen werde."

Johannesevangelium 15,11

Salome fragte Jesus: „Wer bist du, und wer ist Dein Vater?"

Jesus sprach zu ihr:
Ich bin der, der von dem Gleichen ist. Mir wurde gegeben von dem, was meines Vaters ist. [5]

Salome sprach: „Ich bin deine Jüngerin."
Jesus sagte zu ihr:

Wenn du eins bist und ungeteilt, wirst du von Licht erfüllt sein, doch wenn du dich teilst, dann wirst du von Finsternis erfüllt sein.

Logion 61

Dieses völlige Einssein wird in Log. 108 wieder aufgenommen.

Wer von meinem Mund trinkt, wird werden wie ich, und ich selbst werde er werden, und das Verborgene wird sich ihm offenbaren.

Logion 108

Ich habe Feuer

auf die Welt geworfen,

und siehe, ich hüte es,

bis die Welt entflammt ist.

Logion 10

Nur wenn wir alles vergessen, was die alten Kirchen uns erzählten, und die Worte Jesu unvoreingenommen in uns aufnehmen, können wir ihre wahre Größe und ihre befreiende Kraft entdecken.

In Logion 108 spricht Jesus deutlich aus, dass er die Verwirklichung des „Einsseins" nicht für sich allein beansprucht – das hätte für die Welt wenig zu bedeuten –, sondern dass sie für jeden möglich ist, der seine Worte, sein Bewusstsein in sich aufnimmt.

Eine Warnung vor der Dualität finden wir in Logion 112.

Jesus sagte:
Wehe dem Fleisch, das an der Seele hängt; wehe der Seele, die am Fleische hängt!

Logion 112

An etwas zu hängen (das Fleisch, der Körper an der Seele oder die Seele am Fleisch), bedeutet, dass wir uns nicht als Ganzheit wahrnehmen. Das Gefühl, von etwas anderem abhängig oder getrennt zu sein (die Inder nennen es in Sanskrit *Ahamkara*), tut weh, das einzige Weh, das es gibt. Körper und Seele sind zwei Aspekte derselben Wirklichkeit. Jeder Wesensaspekt enthält gleichzeitig den anderen.

Und was ist mit den frommen Dualisten, denen, die an die Zweiheit glauben?

Nur mit der Dualität konnten jene ‚heiligen' Väter die ‚heiligen' Schriften so erfolgreich unter die Menge bringen. Und sie waren in der Tat erfolgreich. Bis zum Jahr 337 war aus dem sanften Lehrer des Einsseins der anerkannte ‚Theos soter', der offizielle Erlösergott des mächtigen römischen Sklavenhalterreiches geworden. Dualismus, Tribalismus, Rassismus und Unwissenheit hatten wieder einmal triumphiert.

Unter Kaiser Konstantin war das Christentum zur Staatsreligion, zur offiziellen Religion von Amtes wegen geworden, und von da an waren das Reich und Jesus sicher im Himmel, und jeder, der vom Einssein redete, wurde zum Agnostiker oder Häretiker erklärt und mit Feuer und Schwert beseitigt.

Den Gründern der ersten Kirchen war das Thomasevangelium natürlich eine dauernde schmerzhafte Erinnerung an die wirkliche Person ,Jesus', und gemeinsam mit dem Jakobus-Evangelium, auch einem der früheren Evangelien, wurde es von den Kirchenvätern Origenes, Justinus und Clemens von Alexandria sowie von Irenäus, Eusebios und Hippolytos noch erwähnt. Und im Kanon des Nikephoros (599 n. Chr.) wurde es noch immer als eine der heiligen Schriften aufgezählt. Aber es musste verschwinden, wenn eine volkstümliche Religion das Ziel war.

Weil die Verwalter der Staatsreligion erbarmungslos Druck ausübten, wurde das Thomas-Evangelium vergraben; später war es nur noch dem Namen nach bekannt, ebenso wie die Evangelien des Matthias, Andreas, Thaddäus usw. Und vielleicht werden wir nie erfahren, ob jene anderen verbotenen und verschollenen Evangelien ebenso Botschaften über die Einheit des Seins waren. Es ist anzunehmen, dass sie es waren.

Wo findet man den wahren Jesus?

Wo zwei eins werden, mit denen bin ich.

Logion 30

Wer im lebendigen Einssein lebt, wird den Tod nicht kosten. Der Himmel und die Erde werden in seiner Gegenwart ausgerollt.

Logion 111

Den Tod kosten kann nur unser Körper. Wenn wir uns aber nicht mehr mit dem Körper identifizieren, sondern in unserem höchsten Bewusstsein leben, wo alles lebendiges Einssein ist, dann stehen wir jenseits von Geburt und Tod.

Nach der Lektüre des Thomas-Evangeliums wird uns klar, dass Jesus so ganz anders war als sein pompöser Titel „eingeborener Sohn", und wie sehr sich ein wirklicher Christ vom typischen *homo religiosus* unterscheiden muss. Letzteren nannte Jesus den *grammateus*, den Mann mit der heiligen Schrift, mit der heiligen Miene, der voll heiliger Worte ist wie: der Herr, das Gesetz, Gottes Zorn, Buße, Paradies, Hölle, Teufel, Verdammnis, Sünde, Erlösung usw. – lauter Dinge, die Jesus, wie wir ihn aus dem Thomasevangelium kennen, völlig fremd sind. Er war kein galiläischer ‚Billy Graham', der zu den Massen sprach, kein asketischer Heiliger, der sich und seine Jünger mit Bußübungen quälte, kein volkstümlicher Prediger des Höllenfeuers mit Pech und Schwefel, und auch kein sentimentaler, süßer Jesus der Art „Jetzt wollen wir alle nett zueinander sein, und alles wird gut."

Wenn uns erschüttert, was Jesus in diesem ältesten aller Evangelien sagt, so ist das, was er darin nicht sagt, noch viel erschütternder. Uns wird klar, wie sehr die Kirchenväter in ihrem Eifer, die Menge zu bekehren, unzutreffende Worte gebrauchten. Natürlich mussten sie auch vorsichtig sein mit Aussagen, die Jesus wirklich gemacht hatte, um die vornehmen römischen Verwaltungsbeamten, die die frühen Christen verfolgten, nicht zu empören und zu schockieren. Als diese Spezialisten der Öffentlichkeitsarbeit die Sache in die Hand nahmen, schufen sie als erstes einen gänzlich neuen Jesus, und dann erfanden sie einen Jargon, wie er auf den Hauptstraßen verstanden wurde, um ihn ihren Kunden zu verkaufen: der Retter, der Erlöser, der Gesalbte, der Mittler, der Fürsprecher, der Richter, der Eingeborene, der Schmerzensmann, der Friedensfürst… Jesus wurde als der einzige Sohn Gottes dargestellt, als Stifter einer neuen Religion, einer neuen Dualität, eines Weges, der dazu führte, Gott und Mensch, sowie Mensch und Mitmensch, Mensch und die übrige Kreatur voneinander zu trennen.

Welcher ist der wahre Jesus? Ist er der Held der volkstümlichen Erzählungen, der Wunder? Ist er der Erlöser, der Messias des jüdischen Volkes? Oder ist er der lichtvolle Lehrer des Einsseins, den uns Thomas präsentiert? Dies muss jeder für sich selbst entscheiden.

Jesus, der das Einssein liebt und lebt, so wie wir ihm im Evangelium des Thomas begegnen, und Jesus, der Teiler, so wie ihn die christlichen Kirchen später darstellten, sind grundverschieden. Es kann nicht ein und derselbe Jesus sein, der einerseits von sich selbst sagt: „Ich bin das All" – oder zu den Jüngern: „Ihr kommt aus dem Licht" –, und andererseits seinen Hörern mit einem künftigen Gericht droht: „Gehet hinweg von mir, ihr Verfluchten, in das ewige Feuer" (Matth. 25, 41) oder: „Der Zorn Gottes bleibt über euch."

Solange jemand noch in einem dualistischen, geteilten Bewusstsein lebt, kann er natürlich den Menschen des Einsseins nicht verstehen und seine Botschaft nicht nachvollziehen.

Für welchen Jesus wir uns entscheiden, hängt letztlich von unserem evolutionären Entwicklungsstand ab, davon, ob wir noch ein Mensch sind oder schon ein Sohn (eine Tochter) des Menschen' geworden sind. [vgl. Logion 106, S. 154 oder Anmerkung 1, S. 183]

Wer die Einheit des Seins wählt, ist bereits von der Einheit des Seins erwählt worden.

Vielleicht ist allein schon das Wunder, dass das Thomasevangelium 1945 wiederentdeckt wurde, ein Zeichen dafür, dass die Zeit für ein neues Bewusstsein des Einsseins, der Ganzheit gekommen ist: vielleicht sind wir reif geworden, endlich die wahre Sendung von Jesus zu erkennen, die uns lehrt, die dualistischen Erklärungsversuche des begrenzten, ich-bezogenen, teilenden Bewusstseins hinter uns zu lassen und das all-bezogene, gegenwärtige Einssein in allem zu sehen – und wahrzunehmen, dass es immer schon da war und da sein wird.

Ein Mann sagte zu ihm:
„Sag meinen Brüdern, sie sollen den Besitz meines Vaters mit mir teilen!"
Er sagte zu ihm:

Oh Mann, wer hat mich zum Teiler gemacht?

Er wandte sich seinen Jüngern zu und sagte zu ihnen:

Bin ich etwa ein Teiler?

Logion 72

Wenn die Welt um Jesus auf seine Botschaft des Einsseins gehört hätte, dann wäre ihr ihre kulturelle Schizophrenie erspart geblieben, ihre jahrhundertelange Neurose, die zur Aufspaltung in unzählige Kirchen und Sekten, Stämme und Nationen geführt hat, zu dem langen Albtraum der dunklen Jahrhunderte mit ihren Glaubenskriegen und ihren Verfolgungen von Denkern und Forschern.

Vielleicht ist endlich die Zeit gekommen, uns von den Vorstellungen alter Gottesbilder zu befreien, und damit zugleich von unserer elenden, krankmachenden, lähmenden Dualität!

Das antike Palästina war immer eine Stätte der Begegnung von Okzident und Orient gewesen, ein Land, in dem die Religionen aus Afrika und Ägypten, Griechenland und Rom, Persien, Indien und dem Fernen Osten sich beeinflussten und vermischten. Jesus gehörte – auch wenn ihm natürlich die im Volk verbreiteten religiösen dualistischen Vorstellungen vertraut waren – eher zu jener orientalischen Minderheit von Denkern, Mystikern und Yogis, die den Schleier der Vielheit und Getrenntheit durchstoßen hatten und in der strahlenden Einheit der Dinge und Wesen lebten, die er das Königreich, das Licht, das Feuer nannte – Worte, die schon Jahrtausende zuvor in den uralten indischen Veden gebraucht wurden, wenn von der Welt des lebenden Einen die Rede war.

Die Zeit wird kommen, da die Kirchen des Abendlandes gezwungen sein werden, diese Weltsicht, diese neue Wahrnehmung der Einheit des Seins anzuerkennen und ihre Verurteilung der wahren Gnostiker (nicht zu verwechseln mit dem Gnostizismus der ersten Jahrhunderte nach Christus) als unchristlich und ketzerisch zurückzuziehen [6]. Die Trennlinie zwischen Ost und West wird dann aufgehoben sein, die Mauer des Dualismus zwischen Mensch und Gott eingerissen, und die Gnosis des Herzens, die Gnosis des lebenden Einen wird alle Gegensätze aufgehoben haben.

Sucht den Lebenden Einen

solange ihr lebt,

damit ihr nicht sterbt

und ihn dann nicht sehen könnt.

Logion 59

Selig ist,

der war,

bevor er wurde.

Logion 19

Anmerkungen

1 „Söhne [oder Töchter] des Menschen werden": Den nächsten Bewusstseinsschritt verwirklichen, also über den egozentrischen, dualistischen Verstandesmenschen, der alles in Zwei teilt und Dogmen, Gesetze und Vorschriften aufstellt, hinausgehen. In einem höheren Bewusstsein können wir wahrnehmen, dass die vielen vermeintlichen Gegensätze, z.B. Materie/Geist, Mensch/Gott, Korpuskel/Welle *zwei* Aspekte der *einen* Wirklichkeit sind.

„Zwei zu einem machen" ist eine andauernde Bewusstseinsübung des Verbindens und Integrierens, z.B. seiner vibratorischen und seiner physischen Wesensaspekte (Welle und Korpuskel) seines Tages- und seines Nachtbewusstseins (Wach- und Schlafzustände), seiner unterbewussten und seiner überbewussten Kräfte (Energien), seiner auf das Analytische und seiner auf das Ganzheitliche bezogenen Hirnfunktionen, seines erlernten, von außen kommenden und seines intuitiven, von innen kommenden Wissens, etc. Überall und in allen Situationen sollen wir hinter den Zwei die Einheit des Seins erkennen.

2 Im Logion 19 sagt Jesus: „...es sind *fünf* Bäume im Paradies, die sich nicht bewegen sommers und winters. Und ihre Blätter fallen nicht ab. Wer sie erkennt, wird den Tod nicht kosten." Auch in dieser in Symbolen gehüllten Aussage können wir eine Anspielung auf die *fünf* Bewusstseinsstrukturen wahrnehmen (in der Terminologie Sri Aurobindos: die physische, vitale, mentale, übermentale und supramentale Bewusstseinsstruktur). Wer diese erkennt, wird, auch wenn er stirbt und den Körper ablegt, den Tod nicht kosten.

3 Im Thomasevangelium, Logion 102, sagt Jesus: „...sie (die Schriftgelehrten) gleichen einem Hund, der auf dem Fresstrog der Rinder liegt, denn weder frisst er (selbst), noch lässt er die Rinder fressen."

4   Ein kleines Kind lebt noch im Bewusstsein des Einsseins. So ist
    das Kind (als Archetypus) ein Symbol für den Menschen, der
    in der Einheit des Seins lebt. Die Jünger verstehen das nicht.
    Sie sehen nur die Form, die äußere Kleinheit des Kindes, nicht
    aber seine Wahrheit, sein Wesen, das eins ist mit der Mutter,
    mit dem Weltall – und dem in diesem Einssein alles Spiel ist,
    Spiel der Zweiheit, der Vielheit, Spiel des Einen in den Vielen,
    und umgekehrt der Vielen in dem Einen. Sie verstehen nicht,
    dass Jesus sie auffordert, zu der Quelle der Weisheit zu gehen
    und zu trinken, so wie das Kind an der Mutterbrust trinkt.

5   ,Ich bin der, der von dem Gleichen ist.' Diese etwas schwer
    verständliche Aussage erläuterte Medhananada in einem
    Gespräch so: Jesus zeigt Salome, dass er seine Identität mit
    seinem wahren, ewigen Wesen gefunden hat, die Identität
    mit dem göttlichen Bild, der göttlichen Gegenwart in sich
    selbst, die er manchmal ,Vater' oder ,Reich' oder ,Licht' nennt,
    Symbole für einen psychologischen Zustand, in dem man
    das Einssein mit dem immer gegenwärtigen Ursprung in sich
    selbst und in allem fühlt – die große Zusammengehörigkeit,
    das, was allen gemeinsam (gleich) ist. Und er lädt Salome ein
    – und jeden, der die Aspiration danach hat – zu dieser inneren
    Erfahrung.
    Die alten Ägypter hatten zwei Hieroglyphen,
    die dasselbe ausdrückten: „gleich sein wie RE",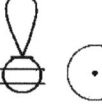
    er ist wie RE, er ist identisch mit RE
    (RE = die Sonne, Licht, Bewusstsein, göttlicher
    Ursprung).

6   Medhananda verwendet den Ausdruck Gnostiker (Gnosis =
    Wissen) für die Wahrheitssucher, die durch direkte seelische
    Erfahrung, durch Selbsterforschung, psychologische Einsicht,
    Identifikation mit dem Wesen der Dinge zur Erkenntnis
    gelangen. Gnosis bezieht sich auf ein tieferliegendes, allem
    Seienden innewohnendes, aber noch nicht allem Seienden
    bewusst gewordenes Wissen.
    Ganz anders werden die Begriffe Gnosis/Gnostiker/

Gnostizismus in der christlichen Theologie verwendet: Es wird damit eine geistige Strömung bezeichnet, die ihre Blütezeit im 2. und 3. Jahrhundert n. Chr. hatte, in der versucht wurde, antikes Mysterienwissen mit philosophischem Denken (Plato) und christlichem Gedankengut zu verbinden. Es bildeten sich verschiedene Gruppierungen und Schulen, deren Weltsicht aber meist dualistisch war.

Eurynóme, die weithin Waltende

ein Mythos der Pelasger,
der Ureinwohner Griechenlands

Eurynóme, die weithin Waltende
ein Mythos der Pelasger,
der Ureinwohner Griechenlands

Fragender: *Es gibt eine Aussage von Jesus, die so gar nicht zu ihm und seiner Lehre zu passen scheint. Sie lautet gemäß Matthäusevangelium 5,17-18:*
*"**Meint nur nicht, ich sei gekommen, um das Gesetz oder die Propheten aufzulösen! Ich bin nicht gekommen, um aufzulösen, sondern um zu erfüllen. Denn wahrlich ich sage Euch: Solange Himmel und Erde bestehen, wird kein Jota und Häkchen vom Gesetz vergehen, bis alles erfüllt ist."***
*Was hat denn Jesus mit der Thora, bzw. den Gesetzesbüchern Mose zu tun? [1] An anderer Stelle sagt er doch über die Schriftgelehrten und Pharisäer: „**Ihre ganze Lehre besteht nur aus Menschensatzungen.**" (Matthäusevangelium 15,9) Und im Epheserbrief (2,15) lesen wir: „**… Er [Jesus] hob das Gesetz samt seinen Geboten und Forderungen auf.**"*

Medhananda: Von den strengen, biblischen Gesetzen und Geboten eines Moses oder strafenden Gottes distanzierte sich Jesus; dazu gibt es zahlreiche Aussagen von ihm. Die Überlieferungen über das „Erfüllen des Gesetzes" beziehen sich wohl auf eine ganz andere Art von Gesetz, nämlich auf das, was in alten Zeiten mit „Eurynóme," ausgedrückt wurde.

F: *Ist damit eine Muse gemeint?*

M: Eurynóme ist der Name eines Weltschöpfungsmythos der Pelasger, einer prähistorischen Urbevölkerung des heutigen

Griechenlands. Dieser Mythos entstand schon lange vor Homer und war in alten Zeiten im Mittelmeerraum bekannt.

Es wird erzählt: „Im Anfang war das Chaos". So beginnen ja die meisten Schöpfungsgeschichten.

„Und aus dem Chaos ging Eurynóme – die Urgöttin – hervor. Sie sah die unermessliche Gleichheit des Chaos und fand nichts, worauf sie stehen konnte. Sie war ganz allein."

F: *Das erinnert an den polynesischen Schöpfungsmythos über Ta'aroa, der auch alleine war:*
Er rief, aber nichts antwortete. [2]

M: Ja. „Und so trennte Eurynóme,, die große Urgöttin, den Himmel von den Wassern, damit sie auf den Wellen tanzen konnte. Sie tanzte und tanzte und schied das Licht von der Finsternis. Und während sie weiter über die Urwasser tanzte, weckte sie hinter sich den Nordwind (Boreas), der mittanzte. Sie rieb ihn in ihren Händen, und er verdichtete sich zu einer großen Schlange namens Ophion. Eurynómes Tanz erregte Ophion, der sich um den Körper der Göttin wickelte und sich mit ihr vereinigte. Als Eurynóme schwanger wurde, nahm sie die Gestalt einer Taube an [3] und legte das universelle Ei, aus dem schließlich die Sonne, der Mond, die Erde und alle anderen Himmelskörper hervorkamen."

F: *Sie haben einmal erwähnt, dass der Name einer Gottheit bedeutsam ist, weil er – wie wir schon bei Ödipus oder Pandora [4] und anderen Mythenfiguren gesehen haben, etwas über das Wesen, die Funktion, die psychologische Kraft aussagt, die mit einer Göttin, Muse oder Heldin, bzw. einem Gott oder Helden in einem Mythos dargestellt wird. Was bedeutet denn nun der Name Eurynóme?*

M: Eurynóme heißt die „weithin Waltende", das „weithin waltende Gesetz", das allem innewohnt. Eurys = griechisch weit, und Nomé (von Nomos) = griechisch das Gesetz. Der Name Nomé zeigt, dass in prehellenischer Zeit das Gesetz weiblich gedacht war, die männliche Form davon ist nomos [5]. Der Mythos erzählt also, wie aus dem unermesslichen Chaos das weite Gesetz hervorgegangen ist: Gleich im Anfang muss es ja ein Gesetz des Werdens und Seins geben! Jeder entstehende Teil, jedes Atom und Elektron, jeder Stern enthält ein Wesensgesetz, folgt einem Plan, einem Programm.

In der Sichtweise der Pelasger war das Chaos ununterschieden, aber es enthielt ein Potenzial, war voller Energie. Die Unterscheidung des Himmels von den Wassern, von oben und unten, trocken und nass war ein erster Schritt, um eine Ordnung, ein Gesetz des Werdens herzustellen. (Kosmos ist das griechische Wort für Ordnung).

Da ist zum Beispiel das Gesetz, dass alle Lebewesen andauernd atmen müssen. Es lässt sich bei diesem Gesetz etwas Wunderbares erkennen, nämlich, dass du ja atmen willst. Du empfindest das Atmen-müssen nicht als ein fremdes, dir auferlegtes Gesetz, wie zum Beispiel das religiöse Gesetz „Du musst den Sabbat heiligen!", oder „Du darfst keine anderen Götter neben mir haben!" Das „weite Gesetz" ist von ganz anderer Art, es hat nichts mit den biblischen Gesetzen von Jehova zu tun.

F: *Einerseits muss ich atmen, aber ich will auch atmen.*

M: Du brauchst nur einmal einen Augenblick den Atem anzuhalten und wirst sehen, wie sehr du nach Atem ringst.

F: *Es gibt also ein Gesetz, das man gerne ausführt, das man sogar als freien Willen empfindet.*
Ich halte mich an die Regeln, die ich angenommen habe. Wenn ich mich auf ein Spiel einlasse, z.B. auf Skat, muss ich ja auch bestimmte Regeln befolgen und darf mich nicht über sie ärgern, denn sie gehören einfach mit zu dem Spiel.

M: Ja, so verhält es sich mit den „Spielregeln" des Lebens, mit dem Atmen, dem Aufnehmen und Ausscheiden von Nahrung, den Rhythmen von Aktivität und Ruhe, Werden und Vergehen. Es sind Regeln, denen wir – eine tiefere Instanz in uns – zugestimmt haben, die wir erfüllen *wollen*.

Alle Dinge tanzen ihr eigenes Wesensgesetz, sozusagen aus freiem Willen. Die Erde tanzt um die Sonne, nicht, weil es in irgendeinem Gesetzbuch steht, wo sie ständig nachgucken muss, aha, ich muss um die Sonne tanzen, sondern sie tut es quasi aus ‚freiem Willen'. Da braucht niemand ihr vorzuschreiben, Du *musst* die Sonne umrunden! Wenn wir unsere innewohnenden Gesetze, unseren Plan des Werdens, unser Svadharma [6], wie die Inder es nennen, ebenfalls als spielerischen Tanz – und nicht als Routine – empfinden können, löst das eine große Freude in uns aus.

F: *Kann man dieses weite Gesetz auch mit dem altägyptischen Hieroglyphenbild Ma-en-itef vergleichen, das wir auf der Königlichen Elle eingeritzt finden, und welches Sie in Ihrem Buch mit „Vater seiner selbst sein" erläutert haben? [7]*

M: Ja. Zuoberst auf diesem Hieroglyphenbild wird das Steuer eines Bootes dargestellt, ein Symbol für Maat, unsere innere Wahrheit, die unser „Seelenschiff" des Seins lenkt [8]. Dieses Bild sollte die damaligen Baumeister, welche die Königliche Elle als Werkzeug zum Bauen der Tempel verwendeten, daran erinnern, auch sich selbst zu bauen, dh. der ihnen innewohnenden schöpferischen Kraft des Sich-selbst-bauens zu folgen, die ihnen innewohnende kreative Absicht zu verwirklichen, zu manifestieren, zu erfüllen.

Und das war es auch, was Jesus bei seiner Aussage wohl vor allem im Sinn gehabt hat: das Erfüllen-wollen der kreativen Absicht, der göttlichen Intention, das Erfüllen-wollen des Plans des Evolutionsgeschehens. Es gibt ja eine Evolution des *Bewusstseins*, die auch einem Plan, einem Gesetz, einer Kybernetik [9] folgt. Wir können uns eine Stufenleiter vorstellen (wie bei einer Stufenpyramide) oder ein Schloss mit Keller und vielen Stockwerken und goldenem Dach: Ganz unten (zuerst in der Evolution) ist das physische Bewusstsein, dann kommt das vitale Bewusstsein (zu dem auch unsere Emotionen und Gefühle gehören), danach das mentale Bewusstsein mit dem Denken – und nun – so sagt uns Sri Aurobindo [10] – kommt die Stufe zu einem übermentalen Bewusstsein, und dann zu einem supramentalen Bewusstsein… Wir befinden uns zur Zeit also in einer Übergangsphase.

F: *Will uns das sagen, dass unser gewohntes, analytisches Denken nicht mehr genügt, um die Weltprobleme zu meistern, so wie das ja auch Jean Gebser [11] erkannt hat?*

M: So ist es. Das „weite Gesetz" will in uns neue Kräfte, neue Fähigkeiten evolvieren (ausrollen), die potenziell schon in uns involviert (eingerollt) sind [12].

Diesen großen Plan der Evolution gilt es zu erfüllen, nicht einfach aufzulösen (in ein Nichts). Das wollte Jesus wohl ausdrücken mit seinem Satz: „Ich bin nicht gekommen, aufzulösen, sondern zu erfüllen". Er hat uns schon zu seiner Zeit den nächsten Schritt in der Evolution des Bewusstseins gezeigt, der über das dualistische Entweder/Oder-Denken des Menschen hinausführt. Deshalb hat er sich auch immer wieder Sohn des Menschen genannt. Auch wir sollen ihm nachfolgen und Söhne und Töchter des Menschen werden, also über das Trennungs-Bewusstsein (hier ich, dort Gott) hinauswachsen in ein intensiveres, ganzheitlicheres Bewusstsein.

F: *Es scheint, als ob Jesus mit Aussagen wie z. B. „Richtet nicht" oder „Liebe deinen Nächsten wie Dich selbst" oder „Liebe deine Feinde" eine höhere Bewusstseinsebene in uns ansprechen will. Auf der mental-rationalen Ebene bewerten und richten wir die Anderen ja andauernd (wenn es auch oft nur in Gedanken geschieht). Und auf der vitalen Ebene, auf der wir gewöhnlich funktionieren, ist es doch unmöglich, seine Feinde zu lieben!*

M: Ja, auf der vitalen und mentalen Ebene kann man das nicht. Jesus zeigt uns mit solchen Aussagen den nächsten Schritt im Evolutionsprogramm der Menschheit: Wenn wir unser wahres Selbst hinter unseren vielen Schleiern entdecken und sein

Einssein mit den vielen Selbsten all der anderen Wesen erkennen, werden in uns Kräfte bedingsungsloser Liebe frei, die ihre Quelle im Einssein alles Seienden haben. Da geht es nicht mehr um *Ich* liebe *Dich*, sondern wir sind in einem Kraftfeld der Liebe. „Liebe Deine Feinde" lässt sich nur auf einer höheren Ebene unseres Bewusstseins realisieren.

> F: *Die Aussage von Jesus „Ich bin nicht gekommen, aufzulösen, sondern zu erfüllen", dieser Satz passt ja auch ganz zu Sri Aurobindos integralem Yoga, der nicht ein Sich-zurückziehen von der Welt im Auge hat, sondern eine Vervollkommnung aller Wesensteile, eine Transformation von Mental, Vital und Körper. [13] Dieses Wachsen im Bewusstsein, dieses Erfüllen des Gesetzes, des angelegten Plans wird andauern, „solange Himmel und Erde bestehen", sagt Jesus weiter.*

M: – also, solange es irgendein Atom, Photon, Elektron gibt.
Dieses uns innewohnende Gesetz hat der Matthäus wohl nicht recht verstanden, und die Abschreiber und Ausleger der Evangelien auch nicht. Sie haben rückwärts geschaut und versucht, die Aussagen von Jesus mit den Gesetzen der Bücher Mose zu vergleichen und darauf abzustützen. Jesus meint aber nicht die von außen auferlegten Gesetze, Doktrinen, Moralvorschriften, die einem durch Andere aufgezwungen werden, die niemand gerne erfüllt, die man nur aus Angst vor einem strafenden Gott befolgt, der weit außerhalb von einem ist. In der Religion ist ja alles außerhalb von einem selbst, Gott und die Engelwesen sind weit weg… in einem entfernten Himmel. Religionen sind dualistisch geprägt, und diesen Dualismus wollte Jesus aufheben.

> F: *Mit diesen von einem nach außen projizierten Gott – oder von einem Diktator oder Staat aufgezwungenen Gesetzen kommt dann auch die Gewalt, wie im Matthäusevangelium 11,12 berichtet wird: „Seit den Tagen des Johannes des Täufers bis jetzt erleidet das Himmelreich Gewalt, und die, welche Gewalt tun,*

versuchen, es an sich zu reißen". [14] *Da muss man nur an die Inquisition denken…*

M: Es ist also offensichtlich, dass Jesus von einem ganz anderen, viel weiteren, einem *inneren Wesens-Gesetz* sprach!

Würde dieses von jedem vermehrt beachtet, bräuchte es weniger äußere Gesetze und es gäbe weniger Gewalt in der Welt. Dies erkannten im alten China bereits Laotse oder Dschuang Dse. Nach deren Ansicht sollte ein Staat so sanft und unmerklich geführt werden, dass jeder sich frei fühlt und sein eigenes Wesensgesetz, seinen geistigen Auftrag erfüllen kann. „Je mehr Gesetz und Weisung man erlässt, desto mehr Räuber gibts und Diebe… Erst wenn das Volk vor deiner Macht nicht bangt, hast du die größte Macht erlangt" sagt Laotse. [15]

Anmerkungen

1   Die Thora ist der erste Teil des Tanach, der hebräischen Bibel, die aus fünf Büchern besteht. In deutschen Bibelübersetzungen nennt man diese Schriftengruppe die fünf Bücher Mose.

2   Der polynesische Weltschöpfungsmythos erzählt: Im Anfang war nur *Ta'aroa*. Er fühlte sich einsam und rief. Aber es kam keine Antwort. Er hörte nur das Echo seiner eigenen Stimme. Die Töne, die er sang, und das Echo, das zu ihm zurückkam, trösteten ihn. Er sang und sang, und aus seinen Tönen (Schwingungen) entstanden allmählich alle Dinge der Welt. Als Ta'aroa sah, dass die Welt vollendet war, sang er die Menschen. Er sang sie aus sich selbst heraus, und er sang sich selbst in sie hinein, sodass sie ganz erfüllt waren von der Musik des Liedes der Welt.

3   Von den Sumerern wurde Eurynóme Iahu, die erhabene, heilige Taube genannt. Die Taube war in matriarchalischer Zeit Symbol für viele Göttinnen: für Sophia (Weisheit, hohe Inspiration, Schöpfungskraft), für Ischtar, Astarte und später auch für Aphrodite und Venus. In der christlichen Religion blieb die Taube das Symbol für den weithin waltenden *Heiligen Geist*, jetzt aber nicht mehr weiblich gesehen. Die patriarchalisch geprägte, römische Kirche hat diese große Kraft *Spiritus Sanctus* genannt – ein durchaus männlicher Begriff!

4   Medhananda schreibt in *Auf der Schwelle zu einem neuen Bewusstsein* (Kapitel Medhanandas Curriculum Vitae, S. 126): Der griechische Mythos von *Pandora* wurde in einer späteren, patriarchalischen Zeit verdreht (so wie das bei vielen anderen Mythen auch geschah). Der Name lässt uns aber noch etwas von der ursprünglichen Bedeutung ahnen. *Pan-dora* heißt: „Alles gebend". Und so gab es auch ganze Zeitalter, die – wie Pandora – „alles gebend" waren.

5   Eurynóme ist ein altgriechischer Name. Die Pelasger hatten

aber eine andere Sprache. So weiß man nicht genau, wie Eurynóme, (das weithin waltende innere Wesensgesetz) ganz früher benannt wurde. Doch lässt auch der Name Eurynóme noch darauf schließen, dass bei den Pelasgern dieses allem innewohnende Wesensgesetz als etwas Weibliches, Sanftes, Tanzendes empfunden wurde, und dass dieser Mythos aus matriarchalischer Zeit stammt (so wie auch jener über Pandora). Später herrschten patriarchalische Gesetze, die von ganz anderer Art waren.

6   Svadharma bedeutet in Sanskrit: sich sein eigenes Gesetz sein, seine als geistigen Auftrag wahrgenommene Aufgabe realisieren, sein inneres Programm erfüllen.
     In der Bhagavad Gita steht: Besser du erfüllst, was du als deine wahre Aufgabe (dein inneres Programm) empfindest, und sei diese noch so unvollkommen, als dass du die Aufgabe eines Anderen auf dich nimmst, selbst wenn du diese noch so gut erfüllst. Besser du stirbst in Erfüllung deines eigenen Weges, selbst wenn er über Umwege geführt hat.

7   Das Hieroglyphenbild *Ma-en-itef* erläutert Medhananda in *Die Königliche Elle*, Kapitel: „Vater seiner selbst sein", S. 159.

8   Maat, unsere individuelle Wahrheit, wird meist mit einer Feder auf dem Kopf dargestellt (Symbol für seelische Leichtigkeit), aber auch mit einem Fußsockel, (Symbol für das Fundament des Seins), oder eben mit einem Steuer (Symbol für die innere Führung, das, was uns steuert).

9   Mit Kybernetik wird die Steuerung, Regelung, Übermittlung von Botschaften ausgedrückt. Der Begriff kommt vom griechischen Wort kybernetike = Steuermannskunst. In diesem

Sinne ist wohl auch Heraklits Aussage (in Fragment 114) zu verstehen: „Es nähren sich alle Gesetze von dem Einen, dem Göttlichen: es herrscht soweit es will und reicht hin für alle Dinge und setzt sich durch."

10 Sri Aurobindo
1872-1950, in Indien geboren, Schul- und Studienzeit in England, kehrte 1893 nach Indien zurück und wurde Direktor des ersten national-indischen Colleges in Kalkutta. Er kämpfte für ein unabhängiges Indien und wurde von der britischen Regierung als politischer Revolutionär verfolgt und 1908 verhaftet. Während der einjährigen harten Gefängniszeit in Alipur wurden ihm große spirituelle Erfahrungen zuteil, die in ihm eine tiefgreifende Wandlung bewirkten. Nach seiner Freilassung zog er sich nach Pondicherry in Südindien zurück (damals französisches Territorium), um sich ganz auf die „Yoga-Arbeit" zu konzentrieren und „Instrument" zu werden für das von ihm wahrgenommene neue, intensivere Bewusstsein, das er später das „supramentale Bewusstsein" oder das „Wahrheitsbewusstsein" nannte. Das jetzige mental-rationale Bewusstsein ist nicht die höchste Stufe der Evolution. Eine Bewusstseins-Wandlung (geistige Mutation) kann durch das supramentale Bewusstsein bewirkt werden, weil dieses im Grunde bereits in allem involviert ist. Ohne Involution könnte keine Evolution stattfinden.

11 Der Kulturphilosoph Jean Gebser beschreibt in seinem Hauptwerk *Ursprung und Gegenwart* ausführlich die verschiedenen Bewusstseinsstrukturen der Menschheit. Er nennt sie: das archaische, das magische, das mythische, das mentale Bewusstsein und weist darauf hin, dass die Menschheit sich jetzt auf der Schwelle zu einem neuen integralen (aperspektivischen, arationalen) Bewusstsein befindet.

12 Involution
Laut Sri Aurobindo bedingt die Evolution eine Involution: Die höchste Bewusstseinskraft hat sich in die Materie, in

den Zustand tiefster Unbewusstheit involviert („eingerollt").
Aus diesem unbewussten Zustand evolviert („entrollt") sie
sich im Laufe der Zeit wieder und manifestiert sich auf stets
höheren Bewusstseinsebenen. Sri Aurobindo beschreibt diese
Bewusstseinsstufen in seinen Werken als das physische,
vitale, mentale, übermentale und supramentale Bewusstsein; In *The Supramental Manifestation* schreibt er: „Das Wort
Evolution trägt in seiner innersten Bedeutung, in der Idee an
seiner Wurzel, die Notwendigkeit einer vorausgegangenen
Involution. Alles, was evolviert, existierte schon vorher involviert, passiv oder auch verhüllt aktiv, aber in beiden Formen
in der Hülle der materiellen Natur verborgen." Der Ausdruck
Evolution wird bei ihm immer in Verbindung mit Involution
verwendet.

13 Der integrale Yoga Sri Aurobindos:
Mit Yoga ist ein Arbeiten am Bewusstsein gemeint. Im
integralen Yoga Sri Aurobindos werden die verschiedenen
klassischen Yoga-Wege wie Jnana-, Bhakti-, Karma-Yoga integriert, aber es wird nicht ein Sich-zurückziehen von der Welt,
sondern eine Vervollkommnung aller Wesensteile angestrebt:
Durch Aspiration und Hingabe, durch ein Sich-Öffnen für
das höchste Wahrheitsbewusstsein (das Supramentale) sollen
Körper, Vital und Mental geläutert und transformiert werden.
Yoga bedeutet essenziell eine innere psychologische Arbeit,
welche die Umwandlung der gewöhnlichen Natur des Menschen zum Ziel hat.

14 Ähnlich ist es im Lukasevangelium 16,16 formuliert: „Seit den
Tagen Johannes des Täufers bis heute wird dem Himmelreich
Gewalt angetan und Gewalttätige reißen es an sich".

15 Siehe die Aufzeichnungen von Laotse (6. Jahrhundert vor
Chr.) im *Tao Te King*, und diejenigen von Dschuang Dsi (ca.
365 – 290 v. Chr.) in *Das wahre Buch vom südlichen Blütenland*.

Die Botschaft des Mondes
Ein afrikanischer Mythos

Die Botschaft des Mondes
ein afrikanischer Mythos

Die Sonne ist ein Symbol für unser solares Tages-Wissen,
ein Wissen, das mit sicheren Erkenntnissen triumphiert.
Der Mond aber ist ein Symbol für unser lunares Wissen
mit seinen inneren Gewissheiten, die von ganz anderer Art sind.

Sonnenwissen bleibt gebunden an den materiellen,
korpuskularen Aspekt der Welt,
lunare Weisheit hingegen leuchtet in den Tiefen
unseres Wesens und ist Millionen Jahre älter.

Steinzeit-Weisheit war hauptsächlich lunar,
ein Vorrecht der Frauen, und auf die Mysterien von Geburt
und Tod ausgerichtet.
Noch im archaischen Griechenland wurde der Mond
‚alte Mutter' *(palaiomator)* genannt –
oder auch ‚Mutter von allen Müttern','Urahnin' *(promator)*.

In unserer Zeit gilt das Tageswissen als einzig valables Wissen.
Laut diesem Wissen muss jedes Lebewesen sterben.
Und niemand wird dieser Aussage ernsthaft widersprechen,
weil Körper eben sterben.
Aber dahinter gibt es einen Zweifel.
Und hier kommt die lunare Intelligenz ins Spiel,
in der Verkleidung und unter dem Schutz von Symbolen.

Die Buschmänner der Kalahari-Wüste in Afrika nennen
ihren Mythos *Die Botschaft des Mondes*[1]:

203

Als die Menschen noch ganz mit ihren Träumen verbunden waren, konnte Mutter Mond mit ihren Kindern kommunizieren und in ihnen Freude und Jubel auslösen.
Als aber die ‚Traum-Zeit' endete, wurden die Menschen sehr traurig; sie glaubten, sterben zu müssen.
Schließlich versuchte Mutter Mond, ihnen erneut eine frohe Botschaft zu senden, und schickte dieses Mal einen Boten aus, denn die Menschen konnten nicht mehr direkt mit ihr kommunizieren. Sie rief die Schildkröte und sprach:
„Schildkröte, gehe zu den Menschen und richte ihnen von Mutter Mond aus:

> So wie ich mich erneuere
> und immer wieder geboren werde,
> werdet auch ihr Menschen euch erneuern
> und immer wieder neu geboren werden."

Die Schildkröte machte sich auf den Weg zu den Menschen.
Bald traf sie einen Hasen. Der fragte: „Wohin gehst du?"
Die Schildkröte antwortete:
„Ich habe eine Botschaft von Mutter Mond an ihre Kinder."
„Was ist das für eine Botschaft?", wollte der Hase wissen.
Die Schildkröte verkündete:

> „So wie ich mich erneuere, werdet auch ihr euch
> erneuern und wieder geboren werden."

Der Hase wurde ganz aufgeregt und meinte:
„Schau, du bist so langsam und ich bin so schnell!
Ich werde die Botschaft überbringen", und sprang davon…
Als er zu den Menschen kam, verkündete er:
„Ich habe eine Botschaft für euch von eurer Mutter Mond; sie sagte:

„So wie ich sterbe, werdet auch ihr sterben."

Weil der Hase eine geteilte Wahrheit verkündete,
spalteten sich seine Lippen.
Später kam die Schildkröte an und gab den Menschen
die wahre Botschaft des Mondes.
Doch jene wussten nie mehr so recht,
wem sie jetzt glauben sollten,
dem schnellen Hasen oder der langsamen Schildkröte.

---

1   Mythen und Märchen wurden im mythischen Zeitalter nur mündlich
    weitergegeben. Von diesem afrikanischen Mythos gibt es vier (erst in
    späterer Zeit aufgezeichnete) Varianten:
    W.H.I. Bleek and C. Lloyd, *Specimens of Bushman Folklore*, 1911, Chapter:
    ‚The Origin of death, preceded by a prayer to the young moon';
    Laurens Van der Post, *Heart of the Hunter*, 1961, p. 173,
    James A. Honey, M.D., *South-African Folk-Tales*, 1910,
    Katie Langloh Parker, *Australian Legendary Tales*, London 1905, p. 8.

    Medhananda versucht, in *seiner* Erzählung des Mythos den *essenziellen,
    psychologischen* Gehalt der Botschaft herauszuschälen.

Ganesch der Elefantengott
eine alte Parabel aus Südindien

Ganesch, der Elefantengott
eine alte Parabel aus Südindien

Ganesch, der Elefantengott, machte einen Ausritt auf seiner Ratte und zog sehr anmutig seines Weges, als plötzlich mitten auf der Straße eine riesige Kobra drohend ihr Haupt erhob. Die Ratte erschrak – so sehr, dass sie plötzlich vollkommen erstarrte und mit den Beinen abgespreizt ein kleines Stück weiterrutschte, bevor sie sich und ihren Reiter zum Stillstand brachte. Durch dieses unerwartete Anhalten wurde der Reiter der Länge nach zu Boden geschleudert und, weil er kurz zuvor seinen großen Bauch bis oben hin mit Süßigkeiten gefüllt hatte, barst dieser, und die Leckereien purzelten in den Staub. Trotz alledem stand er auf, schüttelte sorgfältig den Staub von sich ab, sammelte die Süßigkeiten wieder ein und legte sie zurück in seinen dehnbaren Magen, darauf packte er die Schlange am Nacken und band sie sich als Gürtel um seinen gewaltigen Wanst, um die Süßigkeiten drinnen zu behalten.

So weit die Geschichte.

Was die Parabel sagen will:

Du schreitest gerade wunderbar voran bei einer neuen inneren Erfahrung, und fühlst dich dabei gut und sicher in deinem ‚Yogasitz‘ [deinem Topos, deinem Bewusstseinsplatz]. Da erhebt unerwartet eine feindliche Kraft mitten auf dem Weg ihr hässliches Haupt. Du verlierst nicht nur deine psychologische ‚Sitzhaltung‘, sondern all die köstlichen Früchte deiner bisherigen Meditationen; deine seelischen Errungenschaften rollen in den Staub hinab.

209

Was nun? Die richtige seelische Bewegung ist es, die inneren Schätze sorgfältig wieder einzusammeln, sie an den inneren Platz zurückzubringen, sich der feindlichen Kraft zu bemächtigen und sie zu zwingen, dir dienstbar zu sein. Dann kannst du erneut deinen ,Yogasitz' einnehmen und den inneren Pilgerweg fortsetzen.

Die eine göttliche Existenz,

die sich in vielen Namen und Formen offenbart

Wenn wir in unseren Essays den indischen Gott Ganesh oder die ägyptischen Götter Osiris, Thoth, Anubis etc. erwähnen, so sind diese im Sinne von psychologischen Kräften, Prinzipien, Archetypen zu verstehen – jeder eine unterschiedliche vibratorische Energie und Wirklichkeit. Die Ägypter nannten sie Neteru und schrieben sie mit den Hieroglyphen Schlange und Fahne; es sind die vibratorischen Kräfte, die uns, die Fahne, bewegen. Ein ‚Gott‘ ist ein Schwingungsfeld des Lichts, das sich seines ewigen Programms bewusst ist. Alle Götternamen sind eigentlich Verben, Funktionen – Bewegungen, die wir auch in uns erkennen können.

Sri Aurobindo nennt diesen Bereich des Bewusstseins „Overmind". Dieser ist nicht außerhalb von uns oder über uns, sondern vielmehr Teil der in uns liegenden psychologischen Möglichkeiten. Ein Zugang dazu ist nur möglich durch eine Erweiterung und Intensivierung unseres Bewusstseins.

Wenn wir diesen übermentalen Bereich, den die Hindus vijnana nennen, wirklich erobert haben, besteht die Vielheit der Erscheinungen zwar weiter, verhüllt aber nicht länger die zugrundeliegende Einheit. Wir erlangen Erleuchtung.

In *The Secret of the Veda [Das Geheimnis des Veda]* schreibt Sri Aurobindo:

„Es ist ein ausgeprägtes, ein essentielles Kennzeichen der Vedischen Hymnen, dass diese – obschon der Vedische Kult nicht monotheistisch im heutigen Sinn des Wortes war – doch unablässig, manchmal ganz offen und einfach, manchmal auf komplexe und schwierige Weise immer als zugrunde liegende

Vorstellung anerkennen, dass die in ihnen angerufenen vielen Götter in Wirklichkeit nur eine Gottheit sind – eine mit vielen Namen –, enthüllt in vielen Aspekten, die den Menschen in der Maske vieler göttlicher Persönlichkeiten begegnen kann. Westliche Gelehrte, verwirrt durch diese religiöse Haltung, die für das indische Denken keinerlei Schwierigkeit darstellt, haben zu deren Erklärung die Theorie vom Vedischen Henotheismus erfunden. Die Rischis, so dachten sie, seien „Polytheisten" gewesen, doch hätten sie jedem Gott im Augenblick, da sie ihn verehrten, Vorrang gegeben und ihn in gewisser Weise als die einzige Gottheit betrachtet. Diese Erfindung des Henotheismus ist der Versuch einer fremden Mentalität, die indische Vorstellung von der einen göttlichen Existenz, die sich in vielen Namen und Formen offenbart, zu verstehen und zu erklären...

Jeder der Götter ist eine Manifestation, ein Aspekt, eine Persönlichkeit des einen Deva. Dieser kann durch jeden seiner Namen und Aspekte verwirklicht werden, durch Indra, durch Agni oder Soma; denn jeder einzelne von ihnen – in sich selbst der gesamte Deva, und nur in seinem vordergründigen Aspekt und seiner Erscheinung verschieden von den anderen – enthält alle Götter in sich." So weit Sri Aurobindo.

Wenn wir also von ‚Gott' oder dem ‚Göttlichen' sprechen, meinen wir das Eine, das zu den Vielen wird – die Göttlichkeit in allem, was existiert. Es gibt nichts, was nicht göttlich wäre. Dies ist jedoch für die meisten Menschen nicht die normale Sichtweise. Wir könnten es so sehen, dass die Göttlichkeit des Menschen gleichsam eingerollt oder involviert ist. Sie muss sich strecken, sich aufrichten, so wie es uns die vorgeschichtlichen Menhire und die alten altägyptischen Uräus-Schlangen und Obeliske lehren [1]. Das polynesische Wort für Gott heißt ‚Atua', ‚steh auf' – die Imperativform des Verbs ‚aufstehen'.

Das englische Wort für Gott – the Divine –, welches vom lateinischen Wort ‚divinus' abstammt, lässt sich auf die Wortwurzel

‚Di‘ zurückführen. Diese hat polaren Charakter (wie alle Urwör-
ter) und bedeutet neben *teilen, zerteilen* auch: *zuteilen, seinen Teil*
geben, Anteil haben.

Die Wortwurzel Di ist verwandt mit der ägyptischen Hieroglyphe für *geben, Geschenk* (ebenfalls ‚Di‘ gesprochen).

Etwas (eine Pyramide oder ein Pyra-
midion) wird auf die Waagschale einer
immensen Waage gelegt (von der nur die
eine Waagschale sichtbar ist), auf dass das
Universum im Gleichgewicht gehalten
werde.

Hieroglyphe *Di*, „geben"

Es handelt sich um ein besonderes ‚Geben‘, das auch ein ‚Nehmen‘ miteinbezieht: Geben und Nehmen sind sich des Ganzen
bewusst und stets bedacht auf die Erhaltung und Wiederherstel-
lung des Gleichgewichts. [2]

Die ägyptische Hieroglyphe ‚Di‘ kann auch übersetzt werden
mit: ‚Leben verleihen‘, mit der Bedeutung: dem Bilde des Göttlichen ‚Leben geben‘, es in sich verwirklichen, was eine der Aufgaben des Pharao war.

Im Kontext bedeutet ein Arm, der das Symbol für
‚Geschenk‘ hält, zusammen mit einer schwingenden
Saite, die es zu einem ‚vibrierenden Geschenk‘ macht:
‚sich hingeben‘, ‚sich offenbaren‘ – eine Funktion, die
dem Göttlichen zugeschrieben werden kann.

Die Indianer Nordamerikas drücken Dankbarkeit dafür aus,
dass jedes Ding ein Geschenk ist: ein Fluss ist ein Geschenk, eine
Wolke ist ein Geschenk, der Wind ist ein Geschenk, ein Pferd ist
ein Geschenk…

Eine andere Wortwurzel, die – wie wir annehmen – auch dem
Wort ‚Gott‘ zugrunde liegt, kommt aus den indoeuropäischen
Sprachen. Es ist ‚ghadh‘, im Englischen ‚to gather‘ (sammeln,

einsammeln, versammeln) oder ‚together' (zusammen, miteinander) oder als Erweiterung und Adjektiv ‚good' (gut). Im Deutschen lassen sich ‚Gott', ‚vergatten' und ‚gut' auf ‚ghadh' zurückführen. Dieser Etymologie zufolge ist Gott also das Miteinander, die Gesamtheit aller Dinge, das All.

Die ägyptischen sowie die indoeuropäischen Wortwurzeln sprechen für unsere psychologische Deutung von Gott als etwas, das sich gibt, das ausgeteilt ist, das im Universum ausgesät ist, und das von jedem von uns in seinem Innern – bewusstseinsmäßig – wieder eingesammelt werden muss.

Eine Bestätigung dieser Aussagen finden wir im gnostischen *Evangelium der Eva*, überliefert durch den Kirchenvater Epiphanius [3], in welchem das ‚große innere Wesen' zu dem ‚kleinen Wesen' spricht:

„Ich bin du und du bist ich.
Und wo immer du bist,
da bin ich.
Und in allem bin ich gesät.
Und wo immer du willst,
kannst du mich sammeln.
Indem du mich sammelst,
sammelst du dich selbst."

Anmerkungen

1   Medhananda schreibt in *Der Weg des Horus*, S. 74: „Die sich
    aufrichtende Schlange, die von den Ägyptern „die Aufstei-
    gende" und von den Griechen „Uräus" genannt und von den
    Pharaonen als ihr Kronjuwel getragen wurde, ist der Arche-
    typ der Seelenkraft an sich.
    Sie ist eine fundamentale Bewegung des Bewusstseins: die
    Kraft jeden Wesens, sich immer wieder zu erheben. Es ist die
    Kraft der Aspiration. Wir können sie auch die Kraft der Auf-
    erstehung nennen.

2   Siehe auch Medhananda, *Der Weg des Horus*, Kapitel „Das
    Geheimnis hinter Nehmen und Geben", S. 105 und *Die
    Pyramiden und die Sphinx*, Kapitel „Eine immense Opfergabe"
    S. 20.

3   Eine ausführliche Interpretation des Evangeliums der Eva
    gibt Medhananda in *Archetypen der Befreiung*, S. 130.
    Zur Überlieferung von Epiphanius: siehe Edgar Hennecke
    und Wilhelm Schneemelcher *Neutestamentliche Apokryphen*
    1968, S. 166.

Der Autor

Medhananda ist der spirituelle Name, den Mirra Alfassa (im Sri Aurobindo Ashram „Die Mutter" genannt) einem ihrer Schüler gegeben hat – dem in Deutschland geborenen Fritz Winkelstroeter (1908-1994), der seine Schulzeit in Pforzheim verbrachte und, neben Englisch und Französisch, schon früh Latein und Griechisch lernte. Trotz seines regen Interesses an den antiken Kulturen, ihren Symbolen und ihrer Spiritualität studierte er, wie sein Vater (ein wohlhabender Ingenieur und Industrieller) es wünschte, in München, Heidelberg und Paris Rechtswissenschaft. Während dieser Jahre hatte er das Glück, von dem hervorragenden Gelehrten Richard Wilhelm – der das „I Ging", das „Tao Te Ging" und viele andere antike Texte aus dem klassischen Chinesisch übersetzte – unterrichtet und in die chinesische Kultur und Denkart eingeführt zu werden.

Medhananda hatte bereits eine vielversprechende Laufbahn als Jurist vor sich, nahm aber wahr, dass in Europa ein großer Krieg ausbrechen würde und verließ daher 1934 mit seiner französischen Frau Deutschland. Sie wanderten nach Tahiti in Französisch-Polynesien aus, siedelten sich auf der Nachbarinsel Moorea an, wo sie 200 Hektar Urwald kauften, ein kleines Haus bauten und sich zum Anbau von Vanille und Kaffee als Farmer niederließen. Ihre drei Kinder wuchsen in dieser paradiesischen Umgebung auf.

In der unberührten Stille des dortigen Urwalds begann Medhananda, die verschiedenen Bewusstseinsstrukturen, die seinem Selbstgewahrsein zugänglich waren, zu erkunden.

Es bot sich ihm auch reichlich Gelegenheit, die vorchristliche Kultur, die uralte Gnosis Polynesiens zu erforschen und mit deren magisch-mythischen Symbolen in Berührung zu kommen.

Während des Zweiten Weltkrieges wurde er (ein Deutscher) nahe Tahiti als potenziell feindlicher Ausländer von Französisch-Polynesien fünf Jahre lang interniert.

Nach seiner Entlassung 1946 stieß er auf die Schriften des indischen Yogis, Dichters und Philosophen Sri Aurobindo. Tief beeindruckt, schrieb er Sri Aurobindo und wurde von ihm als Schüler angenommen. Während der oft wochenlangen Aufenthalte auf der einsamen polynesischen Insel Mehetia wurden ihm tiefe spirituelle Erfahrungen zuteil.

1952 ging er nach Indien in den Sri Aurobindo Ashram in Pondicherry, wo er von der ‚Mutter‘ (Mirra Alfassa) den Auftrag erhielt, die Sri Aurobindo Bibliothek zu betreuen und am *Sri Aurobindo International Centre of Education* mitzuwirken. Dort lehrte er während vieler Jahre vergleichende Religionsgeschichte, wozu er bestens qualifiziert war durch sein lebenslanges Erforschen der spirituellen Kulturen verschiedenster Kontinente und Zeitepochen – und auch durch seine eigenen spirituellen Erfahrungen.

1965 wurde er Herausgeber der Vierteljahreszeitschrift *Equals One*, für die er (auch unter verschiedenen Pseudonymen) zahlreiche Beiträge verfasste.

1977 lebte er ein Jahr lang in *Auroville* (nahe Pondicherry) mit seiner langjährigen Mitarbeiterin Yvonne Artaud und ihren Makaken-Affen.

1978 zogen sie von dort mit den Tieren nach Reddiarpalayam (einem Vorort von Pondicherry), wo sie in einem großen mit Kokospalmen und alten Mangobäumen bewachsenen Garten das Identity Research Institute gründeten, ein Forschungsinstitut für fundamentale Psychologie.

Das eigentliche Lebenswerk galt nach langjährigen Studien und einer Studienreise der Erforschung der Bilder, Hieroglyphen und Symbole des alten Ägypten. So wie sein Lehrer Sri Aurobindo in den Aussagen der Veden (der altindischen spirituellen Texte) eine psychologische Symbolsprache entdeckte, die tiefes inneres Wissen enthält (siehe dazu: Sri Aurobindo, *Das Geheimnis des Veda*), entdeckte Medhananda in den alten ägyptischen Hieroglyphentexten und Bildern – mit dem gleichen psychologischen Ansatz und Schlüssel – Botschaften der Selbsterkenntnis.

Medhananda – durch seine Herkunft und klassisch-humanistische Erziehung in der westlichen Kultur heimisch, durch seine in Polynesien verbrachten Jahre mit der dortigen zum Teil noch steinzeitlichen Kultur vertraut, durch seinen langen Aufenthalt in Indien mit der östlichen spirituellen Kultur verbunden und dazu durch seine Studien und Forschungen ein profunder Kenner der ägyptischen Kultur – fand nicht nur im alten Ägypten, sondern auch in den Bildern, Mythen und Märchen vieler anderer alten Kulturen Botschaften psychischer Erfahrungen, die in Symbolen ausgedrückt wurden. Uns diese alte Symbolsprache wieder verständlich und zugänglich zu machen, so dass wir dadurch uns selbst besser wahrnehmen und unsere vielen Seelenkräfte entfalten können, das war sein Anliegen.